Thao Tran

Auf den Rasen, fertig, los!

Die besten Fußballwitze

Thao Tran

Auf den Rasen, fertig, los!

Die besten Fußballwitze

Mit Illustrationen
von Pascal Nöldner

Ravensburger

1 3 5 4 2

Erstmals erschienen 2018 unter dem Titel:
„Zum Schießen! Die besten Fußballwitze"
beim Ravensburger Verlag GmbH

Neuausgabe
© 2024 Ravensburger Verlag GmbH
Postfach 2460, 88194 Ravensburg

Umschlag- und Innenillustration: Pascal Nöldner

ISBN 978-3-473-53149-3

ravensburger.com

Inhalt

Fußballspieler und
andere Helden vom Fußballfeld   7

Da lacht das ganze Stadion   59

Familie, Freunde und Fans   79

Auf dem Bolzplatz   129

Im Trainingslager ist immer was los   139

Scherzfragen für Fußballfans   151

„Heute war ich echt super",
erzählt der Fußballer stolz seiner Frau.
„Ich habe zwei Tore geschossen!"
„Ist ja toll", antwortet sie,
„und wie ist das Spiel ausgegangen?"
„Zwei zu null für die gegnerische
Mannschaft."

⁓⁓⁓⁓⁓⁓⁓⁓⁓⁓⁓⁓⁓⁓⁓⁓⁓⁓⁓⁓⁓⁓⁓⁓

Eine Fußballspielerin macht
am Flughafen Dribbelübungen.
Da kommt eine ältere Dame
daher und meint zu ihr:
„Sie hüpfen so nervös umher –
soll ich Ihnen zeigen, wo
sich die Toiletten befinden?"

⁓⁓⁓⁓⁓⁓⁓⁓⁓⁓⁓⁓⁓⁓⁓⁓⁓⁓⁓⁓⁓⁓⁓⁓

Der Trainer zu seinen
Spielern: „Ich verstehe
euch nicht! Warum seid
ihr immer so langsam?"
„Na, weil Sie uns immer
zur Schnecke machen."

Der gefoulte Spieler ruft voller Panik:
„Hilfe! Sanitäter! Ich habe kein
Gefühl mehr in meinem Bein!"
Meint der Sanitäter trocken:
„Sie drücken Ihren Finger ja auch
die ganze Zeit in mein Bein!"

~~~~~~~~~~~~~~

Ein Fußballspieler kommt mal wieder zu
spät zum Training. Motzt die Trainerin:
„Vorgestern bist du im Stau stecken
geblieben. Gestern hast du die
Straßenbahn verpasst. Und heute?"
„Heute bin ich mit dem Rad gekommen.
Es gab Gegenwind ..."

~~~~~~~~~~~~~~

Bei einem Fußballverein wurde eingebrochen
und alle Pokale sind gestohlen worden. Meint
der Polizist vorwurfsvoll zum Fußballer: „Sie sind
doch Mittelstürmer und können schnell laufen.
Warum konnten Sie den Täter nicht einholen?"
„Konnte ich ja. Ich habe ihn sogar überholt
und bin in Führung gegangen. Aber als ich mich
dann umgedreht habe, war er plötzlich weg."

Ein Fußballspieler stellt den anderen zur Rede: „Warum erzählst du überall herum, dass ich eine große Klappe hätte?"
„Habe ich doch gar nicht!"
„Doch, das haben mir schon mehrere Personen berichtet."
„Nein, ich habe lediglich gesagt, dass du problemlos einen Spargel quer essen könntest."

Der Fußballstar und seine Freundin streiten sich über das Fernsehprogramm.
„Nicht schon wieder diese Liebesschnulze", seufzt er. „Den Film haben wir doch schon dreimal gesehen!"
„Na und?", erwidert sie.
„Deutschland-Spanien hat es auch schon öfter gegeben ..."

In der Halbzeit kommt
dem erfolglosen Spieler
die zündende Idee:
„Trainer, könnten wir es nicht
einmal mit einer anderen
Position für mich versuchen?"
„Gar nicht so dumm, die Idee",
sagt der Trainer.
„Wie wäre es mit Würstchenverkäufer
in der Südkurve?"

Sagt eine Fußballspielerin zu
ihrem Mann: „Ich kann das
einfach nicht verstehen.
Im einen Spiel schieße ich
gleich drei Tore, im anderen
Spiel kriege ich kaum einen Ball."
Meint er: „Dann lass doch
einfach immer ein Spiel aus."

11

Der neue Manager des Fußballklubs hat
seinen ersten Arbeitstag. Er fährt mit
seinem Sportwagen vor und geht mit
federnden Schritten zu seinem riesigen
Büro. Dort setzt er sich an seinen großen
Schreibtisch und ist zufrieden.
Da klopft es an der Tür und ein
junger Mann steckt den Kopf herein.
„Kommen Sie ruhig rein und setzen
Sie sich", sagt der Manager gönnerhaft.
„Ich muss allerdings noch kurz telefonieren."
Er greift zum Hörer, tippt die Nummer ein
und redet los: „Ja, hallo, Herr Brauer –
Sie hatten ja mehrfach um Rückruf gebeten.
Ach so, Sie wollten sich nur für meinen
Rat bedanken ... ja, das habe ich doch
gern gemacht. Sie können mich jederzeit
wieder anrufen. Bis bald!"
Dann dreht der Manager sich um und sagt:
„So, und nun zu Ihnen – wie kann ich
Ihnen weiterhelfen?"
„Ich komme von der Telekom und soll
ihr Telefon anschließen ..."

**Ein Fußballtrainer tritt seinen
neuen Posten an. Er hält eine Rede
vor der Mannschaft: „Lasst uns ganz
von vorn anfangen. Seht ihr, das ist
ein Ball und der muss irgendwie ins Tor."
Meldet sich ein Spieler:
„Kann ich den Ball noch mal sehen?"**

Nach einem verlorenen Fußballspiel
humpelt der Stürmer vom Platz.
Fragt ihn der Trainer: „Bist du verletzt?"
„Nein, mein rechtes Bein ist eingeschlafen."

Die Chirurgin zum Fußballspieler vor der Knieoperation: „Fünf Stunden nach der OP können Sie das Bein schon bewegen, am späten Nachmittag aufstehen, morgen früh bereits wieder zur Toilette gehen und übermorgen schon wieder trainieren!" Darauf der Fußballspieler: „Aber während der Operation darf ich schon liegen bleiben, oder?!"

Nach wochenlangem Krankenhausaufenthalt ist das Bein des Spitzenstürmers wieder vollständig verheilt. Der Arzt schaut sich das Röntgenbild an und sagt: „Wunderbar, einfach toll, wie diese beiden Knochenteile wieder zusammengewachsen sind." Da unterbricht ihn der Fußballstar: „He, Herr Doktor, Sie sollen mich gesund machen, nicht bewundern!"

Reporter: „Sind Sie mit Ihrer Leistung zufrieden?"
Stürmer: „Klar, ich habe zwei Tore gemacht."
Reporter: „Und stört es Sie gar nicht, dass das Spiel 1:1 ausging?"

Nach dem Training kommt der Mittelfeldspieler nach Hause. Seine Freundin wundert sich und fragt: „Warum ist denn dein linkes Schienbein noch ganz dreckig? Hast du gar nicht geduscht?" „Doch, schon, aber im Gedränge in der Dusche habe ich wohl aus Versehen das Bein eines Kollegen gewaschen."

Sagt eine Abwehr-
spielerin zur anderen:
„Was die Leute nur
immer zu meckern haben –
wir tun doch gar nichts!"

Der neue Star der Nationalmannschaft
kann es nicht leiden, wenn die Presse
ihm immer wieder vorwirft, er sei so
schrecklich eingebildet.
„Ich bin doch nicht eingebildet!",
beteuert er. „Ich kenne allein in der
Nationalmannschaft mindestens
zehn Spieler, die sich einbilden,
sie seien besser als ich."

„Merkt euch eins", sagt der Trainer.
„Eigenlob stinkt!"
„Trainer, neben mir hat sich gerade
jemand selbst gelobt."

Sagt ein Fußballspieler zu seinem Kameraden:
„Du, der Schiedsrichter ist doch echt blind ...“
Kommt der Schiedsrichter und meckert:
„Was haben Sie da gerade gesagt?!“
Darauf der Fußballspieler: „... und taub ist
er auch noch.“

Ein Fußballstar rast mit seinem neuen
Sportwagen durch die Stadt. Hält ihn
ein Polizist an und fragt: „Haben Sie
das Schild mit der Geschwindigkeits-
begrenzung nicht gesehen?“
Darauf der Fußballer: „Wie soll ich denn
bei dem Tempo noch was erkennen?“

**Der Trainer eines erfolglosen Vereins
wird gefragt: „Was ist Ihnen lieber:
der Gewinn in der Liga oder Weihnachten?“
„Weihnachten – das ist öfter.“**

Eine Fußballmannschaft ist auf dem Flug zu
einer Champions-League-Begegnung in Spanien.
Einer der Spieler setzt sich in die erste Reihe,
obwohl dort kein Platz für die Mannschaft
reserviert ist. Als der Trainer ihn bittet,
sich woanders hinzusetzen, weigert sich der
Spieler jedoch. Meint der Mannschaftsarzt:
„Lass mich mal machen." Er geht zum Spieler
hin und spricht kurz mit ihm, worauf dieser
sich auf einen anderen Platz setzt.
Fragt der Trainer: „Wie hast du das angestellt?"
Antwortet der Mannschaftsarzt:
„Ich habe ihm einfach gesagt, dass die ersten drei
Reihen nicht nach Spanien fliegen."

Fragt eine Fußballspielerin den Trainer:
„Was ist eigentlich ‚relativ'?"
„Das ist leicht erklärt: Wenn du sieben
Euro auf dem Sparbuch liegen hast,
ist das relativ wenig; sieben Nieten
in einer Mannschaft sind hingegen
relativ viel."

Eine Weinbergschnecke kriecht über den Fußballplatz. Plötzlich bückt sich ein Fußballspieler, hebt sie auf und wirft sie so weit weg, wie er nur kann. Da fragt ihn ein anderer Spieler: „He, warum bist du denn so grob zu der Schnecke? Sie hat dir doch überhaupt nichts getan." Antwortet der Spieler, der die Schnecke geworfen hat: „Von wegen! Schon seit einer halben Stunde verfolgt sie mich auf Schritt und Tritt."

Der Fußballspieler ruft verzweifelt in der Autowerkstatt an: „Bitte kommen Sie ganz schnell! Ich habe den Schlüssel im Auto stecken lassen und die Tür zugeworfen." „Ist es sehr eilig?", fragt der Automechaniker. „Ja!", ruft der Fußballer. „Es kann jeden Moment anfangen zu regnen und ich habe das Cabriodach noch offen."

Der Arzt wird mitten in der Nacht zu einem berühmten Nationalspieler gerufen. Er untersucht den Fußballer und fragt: „Haben Sie schon Ihr Testament gemacht?"

„Nein, Herr Doktor, ist es denn wirklich so schlimm?", fragt der Fußballspieler ängstlich.

„Lassen Sie einen Notar kommen und rufen Sie sofort Ihre nächsten Verwandten an!"

„Heißt das, dass es mit mir zu Ende geht?"

„Das nicht gerade, aber ich möchte nicht der Einzige sein, der mitten in der Nacht sinnlos aus dem Bett geholt wird."

Auch heute sitzt Liam lediglich auf der Reservebank. Nach dem Spiel macht er seinem Ärger beim Trainer Luft. Wütend fragt er: „Trainer, warum wechseln Sie mich eigentlich nie ein?"

Antwortet der Trainer: „Das hat zwei Gründe."

„Und die wären?", will Liam wissen.

Darauf der Trainer: „Dein linkes und dein rechtes Bein."

Der eingebildete Profi-Fußballer
fragt seine Nachbarin:
„Warum heiratest du nicht einfach
mich? Männer wie ich wachsen
nicht auf Bäumen."
„Ja, ich weiß", antwortet sie.
„Normalerweise schwingen
sie sich von Ast zu Ast."

„Du denkst wohl, ich bin ein
vollkommener Depp, was?", fragt
der Manager den Trainer wütend.
„Nein", meint der. „Auf dieser
Welt ist niemand vollkommen!"

„Mein Teller ist ganz feucht",
beschwert sich die Stürmerin im Restaurant.
„Sei ruhig", flüstert der Trainer,
„das ist doch schon die Suppe!"

„Herr Doktor, mir geht es immer noch nicht besser", klagt der kranke Fußballer. „Haben Sie denn jeden Tag nach dem Bad das Glas Lindenblütentee getrunken?" „Ich habe es versucht. Aber immer wenn ich endlich die Badewanne leer getrunken hatte, habe ich den Tee einfach nicht mehr runterbekommen."

Ein Fußballspieler hat sich beim Arzt gründlich untersuchen lassen. Als er wieder nach Hause kommt, fragt ihn seine Frau: „Und? Alles okay?" Antwortet der Fußballspieler betrübt: „Nein, nichts ist okay – der Arzt hat mir geraten, mit dem Fußballspielen aufzuhören." Will die Frau wissen: „Hat der Arzt bei dir eine Krankheit entdeckt?" Darauf der Fußballspieler: „Nö, das nicht – aber er hat mich spielen gesehen."

Der Torhüter kommt mit einem blauen Auge nach Hause. Seine Freundin ist ganz besorgt und fragt: „Ach, mein Schatz, haben deine Mannschaftskollegen denn wenigstens kalte Umschläge auf dein Auge gemacht?" „Leider nicht. Nur blöde Witze!"

In der Halbzeit fragt die Trainerin entsetzt ihre Stürmerin: „Wie konntest du den Fußball nur in das eigene Tor schießen?" „Na ja, weißt du, die Tore sehen sich so ähnlich ..."

Der Star-Fußballer kommt zur Mannschaftsärztin. „Frau Doktor, Sie haben mir doch geraten, mit den Hühnern schlafen zu gehen." „Und? Geht es Ihnen besser?" „Nein. Ich falle dauernd von der Stange."

Ein Fußballspieler soll am Knie operiert werden. Weil es aber seine erste Operation ist, ist der Fußballspieler etwas ängstlich und fragt den Chirurgen: „Haben Sie so eine Operation schon öfter durchgeführt?" Antwortet der Chirurg: „Klar, schon 200 Mal – irgendwann muss es doch klappen!"

Die Vereinsmanagerin zum Fußballspieler:
„Wir würden uns sehr wünschen,
dass du bei uns spielst. Bezahlt
wirst du nach Leistung."
Darauf der Fußballspieler:
„Oh, das tut mir leid, aber davon
kann ich nicht leben."

Sagt ein Fußballspieler zu einem anderen:
„He, du hast ja links einen grünen und rechts
einen gelben Strumpf an. Sieht gut aus!"
Meint der andere: „Nicht wahr? Zu Hause
habe ich noch so ein Paar."

**Nach der Untersuchung sagt der Arzt
zu dem Fußballstar: „Schauen Sie mal,
hier habe ich noch ein Rezept für Sie."
„Ach, kochen Sie auch so gerne?"**

Der mittlerweile alternde Fußballstar
fragt bei den Vertragsverhandlungen:
„Und, meine Herren, was schätzen
Sie an mir am meisten?
Meine Kopfballstärke,
meine Torgefährlichkeit oder
meine Ausdauer?"
„Ihren Sinn für Humor."

Zwei Profi-Fußballer sitzen im Wohnzimmer
vor dem Ofen. Da sagt der eine zum anderen:
„Du, feuer doch mal den Ofen an!"
Daraufhin ruft der andere:
„Ofen vor, noch ein Tor!"
„Nein, ich meine,
du sollst den Ofen
anmachen!"
„Ach so. Na gut.
Hey, du kleiner,
süßer Ofen. Hast du
heute Abend schon
was vor?"

OFEN VOR,
NOCH EIN TOR!

GO!
GO!
GO!
GO!
GO!

*Nach dem 0:7 schimpft der
Trainer mit seiner Stürmerin:
„Wann kriege ich endlich mal wieder
was Ordentliches von Ihnen zu sehen?"
„Heute Abend im Werbefernsehen –
da stelle ich den neuen
Fruchtjoghurt vor!"*

„Herr Maier, ich vermute,
die Schmerzen in Ihrem linken
Bein sind altersbedingt",
erklärt die junge Ärztin.
„Aber mein rechtes Bein ist
genauso alt und tut nicht weh!"

**Zwei Manager verhandeln hart um die
Ablösesumme eines Profi-Fußballers.
Es geht um viel Geld. „Bring mir den Spieler.
Ist er gut, gebe ich dir den Scheck."
„Bring mir den Scheck. Ist er gut, gebe ich
dir den Spieler."**

27

Eine Spielerin der Gastmannschaft beschwert sich: „Das ist ja ein verdammt langer Weg von der Kabine bis zum Spielfeld."
„Reg dich ab", sagt ihre Gegenspielerin, „auf dem Rückweg wirst du ja sowieso getragen."

„Du kommst ja schon wieder zu spät! Hast du keinen Wecker?", fragt der Trainer.
„Doch", antwortet der Stürmer, „aber wenn der klingelt, schlafe ich meistens noch."

Der Profi-Fußballspieler hört auf der Autobahn eine Durchsage im Verkehrsfunk: „Achtung, bitte fahren Sie am äußersten rechten Fahrbahnrand und überholen Sie nicht. Es kommt Ihnen ein Fahrzeug entgegen!"
„Eins?", fragt der Fußballspieler empört. „Das sind doch Hunderte!"

Nach dem Training sagt der Trainer zu Marco: „Mensch, Marco, du nutzt beim Spiel nur ein Drittel deiner Fähigkeiten." „Echt? Und was macht das andere Drittel?"

„Kannst du mir denn sagen, was für einen Grund es geben könnte, dem Schiedsrichter ins Gesicht zu spucken?!"
„Wenn sein Bart brennt."

Zwei Vögel sitzen auf dem Fensterbrett vom Fußballverein und schauen in die Herrendusche, wo die Fußballer gerade duschen.

TRIKOT-TAUSCH !!!

„Komisch", sagt der eine zum anderen, „die wechseln ja alle gleichzeitig ihr Gefieder."

29

Ein Fußballspieler fühlt sich in letzter Zeit immer schlapp und bittet den Mannschaftsarzt: „Könnten Sie mir bitte ein Mittel zur Stärkung geben?" Der Mannschaftsarzt reicht dem Spieler ein Fläschchen: „Davon gibst du ein paar Tropfen in dein Essen und schon bald wirst du dich wieder kräftig fühlen."

MIST

Der Fußballspieler freut sich und nimmt das Fläschchen mit nach Hause. Ein paar Tage später fragt ihn der Mannschaftsarzt: „Na, hat das Stärkungsmittel geholfen?" Darauf der Fußballer: „Das kann ich nicht sagen, ich krieg den Verschluss nicht auf."

Der Trainer fragt den Neuen:
„Wie heißt du mit Nachnamen?"
„Müller ohne F."
„Aber in Müller kommt doch
gar kein F vor!"
„Das habe ich doch gerade gesagt."

Zwei Fußballspieler streiten sich:
„Du bist der größte Vollidiot, der hier
rumläuft!", ruft der eine erbost.
„Blödsinn!", schreit der andere,
„der größte Trottel hier auf dem
Platz bist noch immer du!"
Da ruft der Trainer dazwischen:
„Mensch, Jungs, ihr habt wohl
vergessen, dass ich auch noch da bin!"

Nach einer erneuten Niederlage
wird der erfolglose Torhüter ins
Büro der Vereinspräsidentin
zitiert. Die Präsidentin schaut
ihn streng an und sagt:
„Der Trainer macht sich Sorgen
um Ihre Motivation."
„Ach, Frau Präsidentin", lächelt
der Torhüter. „Was gehen uns die
Sorgen anderer Leute an?"

Die Spielerin kommt zu spät zum Training.
Am Fußballplatz trifft sie den Trainer.
„Zehn Minuten zu spät!", sagt dieser ernst.
Da nickt die Spielerin und meint: „Ich auch!"

Der Kapitän verspricht seiner Mannschaft:
„Jungs, zu unserem nächsten Heimspiel kommt
der Papst. Gestern habe ich ihn im Fernsehen
sagen hören: Ich komme stets dorthin,
wo Not und Elend am größten sind.'"

Der Stürmer wird gefoult und
jammert: „Hoffentlich habe ich
keine Gehirnerschütterung."
„Keine Angst", grinst sein
Gegner.
„Wo nichts ist, kann auch
nichts erschüttern."

Ein rothaariger Fußballspieler hänselt
auf dem Platz einen glatzköpfigen:
„Na, wollte dir der liebe Gott denn
keine Haare schenken?"
Antwortet der glatzköpfige Spieler:
„Doch, aber es waren nur rote Haare im
Angebot, und die wollte ich um keinen
Preis haben."

Eine Fußballspielerin kriegt in einem
Match den Ball unglücklich
gegen die Hand und muss mit
mehreren gebrochenen Fingern
ins Krankenhaus. Nachdem der
Arzt alles wieder gerichtet und
eingegipst hat, meint er zur
Fußballspielerin: „So, sobald alles
verheilt ist, werden Sie sogar
wieder Klavier spielen können."
Darauf die Fußballspielerin:
„Oh, klasse – vor der Verletzung
konnte ich das nämlich nicht."

33

Das Spiel endet mit einer schrecklichen
Niederlage: 7:1. In der Kabine knöpft
sich der Trainer den Torwart vor:
„Mensch, dass du mir überhaupt
noch ins Gesicht schauen kannst!"
„Ach, Trainer, man gewöhnt sich an alles."

Meint der Trainer nach dem
Fußballspiel zum Radioreporter:
„Könnten Sie das nächste Mal
vielleicht etwas langsamer sprechen?
Meine Spieler können nicht so schnell
laufen, wie Sie reden!"

Unterhalten sich zwei Fußballtrainer.
Sagt der eine: „Finden Sie nicht auch,
dass dieser Mittelstürmer ein
unheimlich gutes Ballgefühl hat?"
„Und ob! Er kann den Ball super
gefühlvoll aufpumpen, einfetten und
abwaschen – nur schade, dass er ihn
nicht ins Tor bringt."

Der neue Spieler erzielt gleich im ersten Match zwei Tore. Dafür wird er zum Vereinsmanager gerufen. Der überreicht ihm einen Scheck und sagt: „Weil du uns gleich im ersten Spiel so viel Freude bereitet hast, erhältst du diesen Scheck über eine Million Euro."

„Das ist ja klasse!", freut sich der Spieler.
Da fügt der Vereinsmanager hinzu:
„Und wenn du uns bis zum Ende der Saison weiterhin Freude bereiten wirst, dann werde ich den Scheck auch unterschreiben."

„Aber Trainer, was machen Sie denn für ein Gesicht?"
„Wenn ich Gesichter machen könnte, hättest du schon längst ein anderes!"

Eine Fußballspielerin wird gefragt:
„Versteht Ihr Trainer denn etwas von Fußball?"
„Na, und ob! Vor dem Spiel erklärt er uns genau,
wie wir gewinnen können, und nach
dem Spiel, warum wir verloren haben."

Eine Bundesliga-Mannschaft hat in einer einzigen Saison 80 Gegentore kassiert. Meint der Vereinsmanager zum Torhüter: „Na, wie wär's: Wir geben dir einen Vertrag über 100 000 Euro – wenn du bei der Konkurrenz anfängst!"

Die Trainerin spricht nach dem
verlorenen Fußballspiel die
Schiedsrichterin an: „Sagen Sie mal:
Wie heißt eigentlich Ihr Hund?"
„Ich habe gar keinen Hund."
„Oh, das tut mir leid – blind,
aber keinen Hund!"

**Der erboste Fußballspieler zum
Schiedsrichter: „Was würde
passieren, wenn ich Sie ein
blindes Huhn nennen würde?"
„Nun, ich würde Ihnen die
Rote Karte zeigen!"
„Und wenn ich es mir nur denke?"
„Das wäre was anderes.
Da würde ich nichts tun."
„Okay, dann belassen
wir es dabei."**

Zwei Fußballspieler unter der Dusche. Fragt der eine den anderen: „Sag mal, warum läufst du beim Haarewaschen eigentlich die ganze Zeit hin und her?" „Na, auf der Packung steht doch ‚Wash and Go'."

Der Trainer zum Fußballstar:
„Du triffst nicht mehr, du bereitest
keine Tore mehr vor – Junge, du spielst
einfach immer schlechter Fußball."
Meint der Fußballstar: „Na und, dafür
werden meine Interviews immer besser."

Während eines Fußballspiels meint der Torschütze zu seinem Teamkollegen: „Heute ist meine Schwiegermutter mitgekommen. Jetzt muss ich mich beim nächsten Torschuss besonders anstrengen!"

Darauf der andere: „Warum, glaubst du etwa, dass du sie aus der Entfernung triffst?"

Wutschnaubend kommt der Schiedsrichter zum Trainer gelaufen: „Ihr Ersatzspieler hat mich gerade ein dreckiges Stinktier genannt! Was sagen Sie dazu?"

„Das tut mir wirklich sehr leid", sagt der Trainer entschuldigend. „Ich habe den Jungs immer und immer wieder gesagt, sie sollen niemanden nach seinem Äußeren beurteilen."

Die Trainerin motzt nach dem verlorenen Spiel: „Ich habe vor dem Spiel zu euch gesagt: ‚Spielt, wie ihr noch nie zuvor gespielt habt!', und nicht: ‚Spielt, als ob ihr noch nie zuvor gespielt habt!'"

Spricht ein Fußballtrainer zum Tennistrainer: „Komm, wir tauschen unsere Spieler aus: Meine Jungs treffen nie ins Netz und deine hauen die Bälle ständig rein."

Meint der Trainer in einem Interview: „Es ist nicht wichtig, wie das Ergebnis eines Fußballspiels lautet – Hauptsache, die Mannschaft gewinnt."

ııı

Der Fußballverein steht kurz
vor der Pleite, daher gibt es eine
große Pressekonferenz.
Eine Reporterin fragt
den Vereinspräsidenten:
„Stimmt es, dass Sie nun dringend
einen neuen Kassenwart suchen?"
„Ja, das ist richtig. Aber noch
dringender suchen wir unseren
alten Kassenwart."

ııı

Der Fußballer beklagt
sich beim Arzt: „Herr Doktor,
mir geht es hundsmiserabel,
wirklich sauschlecht,
so ein richtiger Katzenjammer!"
„Tja, dann gehen Sie wohl
besser zum Tierarzt!"

Der Vereinsmanager interessiert sich
für einen Torhüter und fragt ihn:
„Was würden Sie denn pro Monat verlangen?"
Der Torhüter überlegt kurz und antwortet
dann: „Sagen wir, 50 000 Euro."
„50 000 Euro pro Monat?!", ruft der
Vereinsmanager überrascht. „Aber Sie
haben doch noch kaum Erfahrung!"
Darauf der Torhüter: „Das ist es ja gerade.
Dadurch, dass ich nur wenig Erfahrung habe,
ist es für mich doch viel schwerer als für
einen alten Hasen."

**Die Nationalmannschaft bezieht
ihr Hotel. Weil dieses keinen besonders
sauberen Eindruck macht,
fragt die Teambetreuerin den Portier:
„Ist die Bettwäsche denn sauber?"
Antwortet der Portier: „Ganz sicher!
Die Gäste vor Ihnen haben jeden Tag
im Swimmingpool gebadet."**

Das Nachwuchstalent fragt den Manager:
„Sag mal, bekomme ich denn auch Geld,
wenn ich für euch spiele?"
„Klar", sagt der Manager, „im ersten
Monat 500 Euro und später dann mehr."
„Ist gut", sagt das Nachwuchstalent,
„dann komme ich später wieder."

Meint der Trainer zum neuen
Fußballspieler: „Deine Schüsse
sind große Klasse – nur die Richtung
stimmt noch nicht so ganz!"

Nach dem Foul kniet
die Stürmerin auf dem Spielfeld
und schmiert Salbe auf den Rasen.
„Was machst du denn da?",
fragt ihre Mannschaftskollegin.
„Der Arzt hat gesagt,
ich soll die Salbe auf die
Stelle schmieren, auf die ich
gefallen bin!"

Beim Auswärtsspiel tritt der
Stürmer Löcher in den Rasen.
Fragt ihn sein Teamkamerad:
„Was machst du denn da?"
Erwidert der Stürmer: „Ich habe
mir gedacht: wenn wir hier schon
nicht gewinnen können,
dann trete ich ihnen wenigstens
den Rasen kaputt."

Der Stürmer ist nach dem
verlorenen Spiel sauer auf den
Schiedsrichter und schimpft:
„Dem trete ich in den Hintern!"
Meint sein Kamerad:
„Lass es lieber bleiben –
du triffst heute
sowieso nicht."

Die Mannschaft fährt eine Niederlage
nach der anderen ein. Schließlich weiß
sich die Trainerin nicht mehr anders
zu helfen, trommelt ihre Jungs
zusammen und sagt: „Seht mal, Leute,
das kleine ledernde, runde Etwas,
das ich hier in der Hand halte,
das ist der Ball!"

Schon wieder eine Niederlage.
Verzweifelt ruft der Trainer:
„Noch so ein schlechtes
Spiel und ich verkaufe
euch alle zusammen für
2,75 Euro."
„Wieso gerade für
2,75 Euro?",
fragt der
Kapitän.
„Ist doch ganz
einfach: 11 Flaschen,
25 Cent Flaschenpfand, macht 2,75 Euro."

Zwei Fans unterhalten sich. Fragt der eine den anderen: „Hast du schon gehört, dass unser Torhüter den Verein gewechselt hat?"
„Ja, habe ich. Aber welcher Spieler ist denn noch gegangen?"
„Keiner. Wie kommst du darauf?"
„Na, weil doch in der Zeitung stand: Mit dem Torhüter geht unser bester Spieler."

In der Mannschaft ist das Grippevirus ausgebrochen. Fast die Hälfte der Spieler kann am Wochenende nicht auflaufen. Trainer und Manager sind entsetzt und bitten den Arzt um seine Diagnose. „Nun", sagt der Arzt. „Ich habe eine gute und eine schlechte Nachricht für Sie. Zuerst die schlechte: Dieses Grippevirus ist völlig neuartig und es gibt dagegen überhaupt kein Medikament. Und jetzt die gute Nachricht: Ich werde das neu entdeckte Grippevirus nach Ihrer Mannschaft benennen."

Fragt ein Reporter die Fußballspielerin: „Was empfinden Sie, wenn Ihre Mannschaft gewinnt?" „Das kann ich Ihnen leider nicht sagen, ich bin erst seit drei Jahren bei diesem Verein."

Sitzen drei Fußballspieler auf der
Ersatzbank und unterhalten sich.
Spieler 1: „Meine Frau hat kürzlich
‚Das doppelte Lottchen' gelesen.
Kurz darauf hat sie Zwillinge bekommen."
Spieler 2: „Und meine Frau hat
kürzlich ‚Die drei ???' gelesen. Kurz
darauf hat sie Drillinge bekommen."
Plötzlich springt der dritte Spieler
von der Bank auf und rennt los.
Fragen die beiden anderen ihn:
„He, was ist denn los?"
Ruft der dritte Spieler panisch zurück:
„Meine Frau liest gerade
‚Ali Baba und die 40 Räuber'!"

Die Gehaltsverhandlungen zwischen
dem Vereinspräsidenten und dem
neuen Innenverteidiger laufen nicht gut.
„Hören Sie, Herr Präsident, mit diesem
mickrigen Gehalt kann ich wirklich
keine großen Sprünge machen."
„Das sollen Sie ja auch gar nicht. Wir suchen
nämlich einen Innenverteidiger und kein
Turnierpferd!"

- - - - - -

Die Abwehrspielerin kommt
zum Training. Ihr Arm steckt in
einem Gips.
„Was hast du denn gemacht?",
fragt die Kapitänin entsetzt.
„Ich bin von der Leiter gefallen."
„Hoch?"
„Nein, runter!"

49

- - - - - -

Verlangt am Flughafen der Zollbeamte
von einer Nationalspielerin:
„Zeigen Sie mir mal bitte Ihren Pass!"
Darauf die Nationalspielerin:
„Aber gerne doch – haben Sie
einen Ball?"

Ein frommer Fußballspieler will nach der
sonntäglichen Predigt vom Pfarrer wissen:
„Ist es eigentlich eine Sünde, wenn ich
sonntags Fußball spiele?"
Meint der Pfarrer: „Nein, DASS du spielst,
ist keine Sünde – aber WIE du spielst."

*Wird ein Fußballstar von
einem Reporter gefragt:
„Wissen Sie eigentlich, dass
Sie 100 Mal so viel verdienen
wie unser Bundespräsident?"
Meint der Fußballstar:
„Das wundert mich nicht –
so wie der Fußball spielt."*

50

„Zum Fußballspielen braucht man Ausdauer, Kraft, Geschicklichkeit ... was noch?"
„Einen Fußball, Herr Lehrer."

Nach dem Fußballspiel steht
Luke mit aufgespanntem
Regenschirm unter der Dusche.
„Spinnst du, Luke?",
fragen die Mannschaftskameraden.
„Ich hab mein Handtuch
vergessen ..."

Die Vereinsmanagerin bietet
einem Fußballspieler an:
„Du spielst so gut und bist der
Mannschaft eine so große
Stütze – da möchten wir dir
gerne ein Drittel mehr Gehalt
anbieten."
Erwidert der Fußballspieler:
„Das ist viel zu wenig!
Ich will mindestens ein
Viertel mehr!"

Der Mittelstürmer klagt beim
Trainer: „Ich habe einen
furchtbaren Husten."
Der Trainer erkundigt sich:
„Warst du beim Arzt?"
„Nein, der Husten ist von
alleine gekommen."

Es regnet in Strömen und der
Fußballplatz ist total überschwemmt.
Trotzdem findet das Spiel statt.
Kurz vor dem Anpfiff fragt die
Mannschaftskapitänin die Trainerin:
„Spielen wir zuerst mit der Strömung
oder dagegen?"

Nach der erneuten Niederlage macht
der Trainer mit seiner Mannschaft einen
Rundgang durch das Stadion:
„So, Jungs", sagt er, „wo die Fotografen
sind, wisst ihr ja. Den Standort der
Fernsehkameras kennt ihr auch – nun
zeige ich euch noch, wo die Tore stehen!"

Der Trainer ist enttäuscht von dem neu eingekauften Stürmer. „Sag mal, geht denn bei dir irgendetwas schnell?"
„Ja, Trainer, ich werde schnell müde."

Ein Profi-Fußballer hat sich ein Bein gebrochen. Die Ärztin mahnt: „Mit dem Gips dürfen Sie auf gar keinen Fall Treppen steigen!"
Nach zwei Wochen ruft der Fußballspieler sie an und fragt: „Wann darf ich denn wieder die Treppe benutzen? Langsam wird es mir doch etwas zu anstrengend, immer an der Regenrinne rauf und runter zu klettern."

„Der Trainer meint, ich sei
sein bestes Pferd im Stall."
„Du? Im Leben nicht!"
„Doch, ich mache den
meisten Mist!"

„Und, wie habe ich heute gespielt?", fragt die
Stürmerin ihre Trainerin nach dem Spiel.
„Letzte Woche hast du eine bessere
Leistung gezeigt", antwortet die Trainerin.
„Aber da habe ich doch gar nicht gespielt!"
„Eben."

Der Fußballtrainer sagt zufrieden
zum neuen Spieler: „Sie können bei uns
anfangen! Mit Ihrer breiten
Brust sind Sie genau der Richtige
für unser Team."
„Ist es nicht wichtig,
dass ich auch gut spielen kann?"
„Nein. Hauptsache,
die Werbefläche ist groß genug!"

Bei der Weihnachtsfeier im Fußballverein fängt plötzlich das Vereinshaus Feuer. Der Platzwart ruft völlig außer sich bei der Feuerwehr an: „Kommen Sie sofort, hier brennt es!"

„Bleiben Sie ganz ruhig, guter Mann, wie kommen wir denn zu Ihnen?"

„Haben Sie denn nicht mehr diese roten Autos mit dem Blaulicht?"

Nach dem verlorenen Spiel erklärt der Trainer dem Reporter den Tabellenstand der Mannschaft: „Sehen Sie, am Anfang der Saison wollte der Manager uns unbedingt auf Platz 1 sehen. Ich habe gleich gesagt, Platz 8 wäre realistischer. Nun stehen wir auf Platz 18. Wir haben also beide recht gehabt."

Nach dem Fußballspiel sitzt die Mannschaft draußen und schaut in die Sterne.
„Meint ihr, da oben auf dem Mond lebt jemand?", fragt der Torwart.
„Na klar", antwortet der Stürmer.
„Da brennt doch die ganze Zeit das Licht!"

Die Trainerin seufzt: „Warum antwortest du eigentlich immer mit einer Gegenfrage?"
Daraufhin die Spielerin: „Tue ich das wirklich?"

Verlangt der
Bundesligatrainer
von seinen Spielern:
„Also, morgen, wenn
wir das Auswärtsspiel
verlieren, dann
überfahren wir auf dem
Rückweg mit überhöhter
Geschwindigkeit eine
rote Ampel."
Wendet einer der Spieler
ein: „Aber das kostet doch
Strafe und man bekommt
Punkte in Flensburg!"
Darauf der Trainer:
„Eben drum – so bringen
wir doch noch ein paar
Punkte mit nach Hause."

Beim WM-Endspiel sitzt
ein kleiner Junge auf
einem der teuersten
Plätze der Haupttribüne.
Sein Sitznachbar mustert
ihn neugierig und fragt:
„Na, Junge, wo hast du
denn die Eintrittskarte her?"
„Von meinem Papa."
„Und wo ist dein
Papa jetzt?"
„Zu Hause. Er sucht
seine Eintrittskarte."

Brüllt ein Zuschauer auf dem
Fußballplatz von der Tribüne:
„Los, Jungs, jetzt macht mal!
Ich stehe ja schneller,
als ihr laufen könnt!"

Die kleine Marie sieht sich mit ihrem Vater
ein Fußballspiel im Stadion an. Die Fans rufen
begeistert: „Dortmund, Dortmund!"
Verwirrt fragt Marie ihren Vater:
„Sag mal, Papa, wo ist denn der Mund?
Ich kann dort gar keinen sehen!"

Die Heimmannschaft geht in
Führung, das Fußballstadion tobt.
Die Zuschauer brüllen:
„Noch ein Tor, noch ein Tor!"
Meint Jan zu seinem Vater:
„Warum wollen die eigentlich noch ein
Tor? Da stehen doch schon zwei."

Am Kartenhäuschen des Stadions.
Emma kauft sich bereits zum vierten Mal eine
Karte. Meint der Kassenmann:
„Also, es geht mich ja nichts an, aber warum
kaufst du denn nun schon die vierte Karte?"
Sagt Emma: „Ja, wenn der Idiot am Eingang
sie mir auch jedes Mal wieder zerreißt ..."

Zwei Freundinnen im Stadion.
„Deine Flasche ist leer. Soll ich dir noch eine holen?"
„Wozu? Was soll ich mit zwei leeren Flaschen?"

Ein Mann sitzt im vollbesetzten Stadion des WM-Finales und neben ihm ist noch ein allerletzter Sitzplatz frei. Verwundert fragt ihn der Zuschauer auf der anderen Seite des leeren Sitzes, ob der Platz jemandem gehöre. Der Mann verneint.
„Aber das gibt es doch gar nicht!", ruft der andere erstaunt aus, „welcher Verrückte hat denn eine Karte für das WM-Finale und kommt dann nicht?"
„Na ja, der Sitz gehört zu mir. Meine Frau wollte ja mitkommen, aber sie ist leider kürzlich verstorben."
„Oh, das tut mir sehr leid. Wollte denn niemand Ihrer Verwandten oder Freunde an ihrer Stelle mitkommen?"
Der Mann schüttelt den Kopf: „Nein, die sind heute alle auf der Beerdigung."

Vor dem Kartenhäuschen hat sich eine lange Schlange gebildet. Herr Schulte hat keine Lust zu warten und drängelt sich einfach vor. Meint ein Wartender empört: „He, reihen Sie sich gefälligst hinten in die Schlange ein!" Darauf Herr Schulte: „Geht nicht, ich habe Angst vor Schlangen."

MAMA, MAMA!!! EINE SCHLANGE HAT TOBI GEFRESSEN!!!

Kurz vor Anpfiff
eines wichtigen
Fußballspiels
kommt noch ein Fan,
ziemlich außer Atem,
an das Kartenhäuschen.
„Zu spät", sagt die
Kassiererin.
„Das Stadion ist bis
auf den letzten Platz ausverkauft."
„Gut", sagt der Fan. „Dann geben
Sie mir bitte den!"

*Ben hat sich im Stadion eine Menge
Limo gegönnt, deshalb muss er in der
Halbzeitpause dringend aufs Klo.
Damit niemand aus seiner halbvollen
Limoflasche trinkt, schreibt er einen
Zettel: „Achtung, ich habe in die
Flasche reingespuckt!" Dann geht er
aufs Klo. Als er zu seinem Platz
zurückkehrt, sieht Ben, dass jemand
was auf den Zettel geschrieben hat.
Er liest: „Ich auch."*

In der Halbzeitpause geht es
in der Kabine richtig rund.
Der Trainer versucht, seiner
Mannschaft die neue Strategie
einzuhämmern. Da klopft eine
kleine Schnecke an die Tür.
Genervt reißt der Trainer die Tür
auf und die kleine Schnecke fragt:
„Kann ich mal bitte aufs Klo?"
Der Trainer rastet fast aus,
packt dann die kleine Schnecke,
wirft sie wortlos wieder zurück ins
Stadion und schließt die Tür.
Drei Wochen später klopft es
wieder in der Pause, der Trainer
öffnet die Tür und wieder steht
die kleine Schnecke vor ihm.
Wütend schreit sie: „He, was
war das denn eben?"

Ein Vater und sein dreijähriger
Sohn gehen ins Fußballstadion.
Damit der Junge etwas sieht,
darf er sich auf die Schultern
des Erwachsenen setzen.
Fünf Minuten nach Spielstart
brüllt das Kind: „Abseits!"
Wiederum fünf Minuten später: „Foul!"
Und nochmal fünf Minuten
später: „Elfmeter!" Plötzlich nimmt
der Vater seinen Sohn von den
Schultern und gibt ihm einen Klaps.
Sagt ein danebenstehender Mann:
„Was ist denn los? Der Kleine hat
doch Ahnung von Fußball."
Antwortet der Vater: „Das schon.
Aber wenn er ‚Abseits', ‚Foul' und
‚Elfmeter' brüllen kann,
könnte er mir doch auch sagen,
wenn er Pipi machen muss."

Eine Ameise läuft über den Fußballplatz.
Da spuckt eine Fußballspielerin aus und
die Spucke landet auf der Ameise.
Nachdem sich die Ameise mühsam aus der
Spucke herausgearbeitet hat, ballt sie eine
Faust und ruft der Fußballspielerin zu:
„He, das ging mitten ins Auge!"

Emre war im Stadion auf dem Klo und
findet nun seinen Vater nicht mehr.
Fragt er einen anderen Zuschauer:
„Haben Sie zufällig einen Mann
ohne seinen Sohn gesehen?"

Noah hat heute seine kleine Schwester mit ins Stadion genommen. Sie haben zwei Plätze auf der Haupttribüne. Kurz vor dem Anpfiff fragt Noah:

„Sitzt du auch gut?"

„Ja, Noah."

„Kannst du auch richtig gut aufs Spielfeld sehen?"

„Ja, danke."

„Und vor dir sitzt auch kein großer Mann oder jemand mit Hut und versperrt dir die Sicht?"

„Nein, Noah."

„Schön, dann lass uns jetzt mal die Plätze tauschen!"

Das Ehepaar Müller war letzten Samstag im Theater. Heute geht es ins Stadion. Doch Frau Müller hat etwas getrödelt, weshalb die beiden erst zehn Minuten nach dem Anpfiff ankommen. Herr Müller regt sich unglaublich auf.

„Ach, das ist doch nicht so schlimm", beruhigt ihn seine Frau. „Dann bleiben wir halt nach dem Abpfiff zehn Minuten länger hier ..."

Zwei Fußballfans sitzen im Stadion und wollen sich das Heimspiel ihrer Mannschaft ansehen. Doch es herrscht dichter Nebel und schon bald schüttet es wie verrückt. Meint der erste Fan: „Bei dem dichten Nebel ist es ganz schön langweilig, das Spiel anzusehen! Ich hol uns mal eine Portion Pommes." Darauf der zweite Fan: „Gute Idee! Ich komme mit." Also machen sich die beiden auf den Weg zum Pommesstand. Plötzlich steht ein Platzanweiser vor ihnen und sagt: „Was macht ihr denn noch hier? Das Spiel wurde doch schon vor einer Stunde abgebrochen."

69

**Nach dem Fußballspiel sieht
der Platzwart, wie ein Mädchen
über den Zaun klettert.
„He, du, kannst du nicht
so rausgehen, wie du
reingekommen bist?"
„Klaro! Mache ich doch gerade!"**

„Mama, Mama, schau mal,
der Schiedsrichter zeigt dem Spieler
ein Foto seiner Frau statt der Gelben Karte!"
„Sei still, Luka!"
„Und jetzt pfeift er in sein Feuerzeug!"
„Luka! Ruhe jetzt!"
„Und jetzt, Mama, jetzt hat er gerade
in sein Schweißband gebissen!"
„Luka, jetzt ist Schluss.
Bring dem Schiedsrichter
bitte seine Brille
zurück!"

Ein Mann steht vor dem Stadion unter einer Laterne und sucht den Boden ab. Fragt ihn ein anderer: „Was suchen Sie denn da?" Antwortet der Mann: „Meine Dauerkarte, ich habe sie verloren." „Hier?" „Nein, da drüben in der Hecke, als ich beim Pinkeln war." „Und wieso suchen Sie dann hier?" „Hier ist mehr Licht."

- - - - - - - - -

Seit dreißig Jahren gehen Sam und Ivan zu jedem Heimspiel. „Ach, Sam", sagt Ivan eines Tages. „Schon unser halbes Leben sitzen wir bei jedem Heimspiel hier, immer auf den gleichen Plätzen, immer im gleichen Stadion. Wollen wir nicht mal irgendwas anderes machen?"
„Ok, lass uns die Plätze tauschen!"

- - - - - - - - -

Chris und Leon wollen ins Stadion.
Chris zeigt sein Ticket vor, doch als Leon
ebenfalls sein Ticket vorzeigen soll,
meint er: „Ich finde meins leider
nicht."
Sagt Chris zu ihm:
„Was kaust du
denn da
eigentlich?"
Darauf Leon:
„Oh, das ist ja
mein Ticket."
Er zeigt das Ticket vor
und beide dürfen ins Stadion.
Als sie drin sind, meint Chris zu Leon:
„Bist du jetzt eigentlich gaga oder
warum kaust du auf deinem Ticket rum?"
Erklärt Leon: „Ich bin ganz und gar
nicht gaga – ich habe nur das Datum von
letzter Woche abgekaut."

Familie Krause will zu einem Länderspiel fliegen. Sorgfältig packen sie alles zusammen, was sie mitnehmen wollen. Herr Krause reibt sich zufrieden die Hände: „Zwei Koffer, ein Rucksack und eine kleine Reisetasche – es ist alles da, mein Schatz."

„Nein, das Sofa fehlt noch", sagt Frau Krause.

„Wieso willst du denn unser Sofa zu einem Länderspiel mitnehmen?"

„Weil auf dem Sofa unsere Eintrittskarten liegen ..."

In der Pause beschwert sich ein Fan am Würstchenstand: „Mensch, deine Würstchen schmecken ja gar nicht."

„Also, hör mal", entgegnet die Verkäuferin empört. „Ich hab schon Würstchen gebraten, da hast du noch in die Windeln gemacht."

„Und warum servierst du sie dann erst jetzt?"

Die Tiere vom Bauernhof wollen ins Stadion. Dicht gedrängt stehen sie wie alle anderen Fans vor dem Kassenhäuschen.
„He, entschuldigen Sie mal",
beschwert sich ein Kater beim Pferd,
„Sie stehen auf meiner Pfote!"
„Entschuldigung angenommen!",
grinst das Pferd.

Lukas wird geschnappt, als er über den Zaun ins Stadion klettern möchte. Der Platzwart packt ihn und sagt:
„Hab ich dich, du Bengel!
Jetzt sag mir mal schön, wie du heißt."
Lukas: „Ich heiße Lukas Sommer."
Platzwart: „Und dein Alter?"
Darauf Lukas: „Der heißt Frank Sommer."

Der kleine Jakob ist mit seinem
Papa beim Heimspiel im Stadion.
„Du, Papa, wenn ich groß bin,
möchte ich Polarforscher werden."
„Das ist aber schön, Jakob. Aber da
musst du fleißig sein und viel lernen."
„Ich weiß, Papa. Darum will ich heute
schon mit den Vorbereitungen anfangen.
Gib mir doch bitte zwei Euro für ein Eis!"

UND KOMMEN SIE ÖFTER HER?

Im Stadion kriecht ein Regenwurm aus seinem Loch im Rasen, sieht einen anderen Regenwurm und sagt höflich: „Schönes Wetter heute, nicht?" Keine Antwort. „Mögen Sie die Atmosphäre hier im Stadion auch so?", versucht er noch einmal, ein Gespräch anzufangen. Wieder sagt der andere nichts. Da kriecht der Regenwurm zurück in sein Loch und brummt verlegen: „Ach, ich werde wirklich alt. Jetzt habe ich schon wieder mit meinem Schwanz gesprochen ..."

Hüpft ein Känguru zum Kartenhäuschen und fragt: „Was kostet ein Stehplatz?" Antwortet der Kartenverkäufer verdattert: „30 Euro, aber an ein Känguru habe ich bis jetzt noch nie ein Ticket verkauft." Meint das Känguru: „Das ist ja auch kein Wunder – bei den Preisen!"

Younes will mit seiner Freundin
Sara ein Bundesligaspiel
besuchen. Doch Sara ist immer
noch im Badezimmer. Als Younes
nervös an die Tür klopft, ruft Sara
durch die verschlossene Tür:
„Nur noch einen kleinen Moment,
Liebling."
Eine Viertelstunde später tritt
Sara aus dem Badezimmer und die
beiden machen sich auf den Weg
zum Bundesligaspiel. Leider sind
sie eine halbe Stunde zu spät.
Younes ist sehr enttäuscht.
Er fragt einen anderen Fan nach
dem Spielstand. Dieser antwortet:
„Das Spiel steht immer noch 0:0."
Meint Sara tröstend zu Younes:
„Siehst du, dann haben wir ja
gar nichts verpasst."

WM-Endspiel. Großer Andrang am Kartenhäuschen. Elias möchte sich vordrängeln, doch die anderen Leute motzen: „Stell dich gefälligst hinten an!" Meint Elias: „Geht nicht: Hinten steht schon jemand."

Familie, Freunde und Fans

**„Na, wie läuft es bei euch
in der Schule?", fragt die Oma
ihre drei Enkelkinder.
„Bestens!", strahlt der Jüngste.
„Camilo ist Erster in Englisch.
Emilia ist Erste in Mathe und
ich bin beim Fußball als Erster
vom Platz gestellt worden!"**

Jonas und Henry sind Brüder. Gerade
streiten sie mal wieder darum, wer den
Fußball zu seinen Freunden mitnehmen darf.
„Jonas, Henry", schimpft die Mutter,
„könnt ihr euch nicht einmal einig sein?"
Meint Henry: „Das sind wir doch: Jonas will
den Fußball – und ich auch!"

*Levi hat seinem alten Onkel zur WM
einen neuen Farbfernseher geschenkt. „Bist du
mit dem Fernseher zufrieden?", fragt Levi.
„Und wie!", antwortet sein Onkel.*

80 *„Wenn ich die Augen schließe und zuhöre,
ist es fast so schön wie mit meinem alten Radio!"*

Ein älterer Mann sitzt gemütlich auf der Parkbank, als ihn plötzlich ein Fußball am Knie trifft. Der Mann schreit den Schützen verärgert an: „Willst du eine Ohrfeige von mir?"

„Nein, danke", antwortet der Junge.

„Meine Mama hat mir verboten, etwas von fremden Männern anzunehmen."

Bei der WM treffen sich drei Fußballfans aus verschiedenen Ländern. Der englische Fan meint: „Bei uns ist das mit der Sprache ziemlich schwierig. Wir schreiben ‚school' und sagen ‚skuhl'."

„Bei uns in Frankreich ist es noch schwieriger", entgegnet der Fan aus Frankreich.

„Wir schreiben ‚Renault' und sagen ‚Renoh'."

„Ach", winkt der deutsche Fan ab. „Das ist doch gar nichts. Wir schreiben ‚Wie bitte?' und sagen ‚Hä?' "

Die Zahnärztin bittet ihren Patienten:
„Könnten Sie jetzt bitte so laut
schreien, wie Sie können?"
„Warum das denn?", fragt der Patient erstaunt.
„Das Wartezimmer ist brechend voll und
ich wollte um sechs zum Fußballspiel!"

– – – – – – –

„Mama, Mama, Phil hat mir meinen
Fußballschuh kaputt gemacht!"
„Wie das denn?"
„Ich habe ihm damit auf
den Kopf gehauen, da ist ein
Stollen vom Schuh abgebrochen!"

– – – – – – –

„Ihr Fachgebiet ist Fußball", stellt
der Quizmaster den Kandidaten vor.
„Ja, da kenne ich mich aus",
bestätigt der Kandidat.
82 „Prima, erste Frage", sagt der
Quizmaster.
„Wie viele Maschen hat ein Tornetz?"

Hannah und Laura sitzen vor dem Fernseher und schauen sich ein Fußballspiel an. Der Stürmer schießt ein grandioses Tor und sofort stürzen sich alle seine Mitspieler begeistert auf ihn. „Ach", seufzt Laura. „So möchte ich von dir auch mal umarmt und geküsst werden!"
Darauf antwortet Hannah: „Dann schieß du erst einmal so ein Tor!"

„Hast du das Fußballspiel gestern gesehen? Wie ist es ausgegangen?"
„Ja, ich habe es gesehen. Nach dem Schlusspfiff des Schiedsrichters war es zu Ende."
„Ich meinte: Wie viele Tore gab es?"
„Na, zwei, wie immer: eins am linken Spielfeldrand, eins am rechten."

83

Auf der Jagd nach einer besonders leckeren
Mücke fliegt eine Schwalbe im Tiefflug über
den Fußballplatz und knallt voll gegen
einen Spieler. Bewusstlos fällt die
Schwalbe auf
den Rasen. Der Spieler nimmt das
Vögelchen mit nach Hause,
setzt es in einen alten
Vogelkäfig,
stellt ihm einen Napf
mit
frischem Wasser
hinein und streut
noch ein paar
Brotkrumen auf
den Käfigboden. Als
die Schwalbe wieder zu sich kommt,
schaut sie sich um
und murmelt: „Oh nein, Gitterstäbe um
mich herum und nur
Wasser und Brot. Ich fürchte, ich habe
den Fußballspieler getötet ..."

84

Ein Mann sitzt im Waschsalon und
starrt in eine Waschmaschine.
Da fragt ihn eine Dame: „Was gibt es
denn da Interessantes zu sehen?"
„Es läuft ein Fußballspiel."
„Oh, wer gewinnt?"
„Weiß ich nicht. Im Moment werden
noch die Trikots der Spieler gewaschen."

Ein Ehepaar schaut sich im
Fernsehen ein Länderspiel an.
Der Mann regt sich tierisch
auf und brüllt:
„Der Schiedsrichter ist ja blind."
Da fragt seine Frau irritiert:
„Und warum trägt dann der
Kapitän die Armbinde?"

85

Zwei ältere Nachbarinnen
unterhalten sich.
„Du", sagt die eine,
„warum läuft dein Mann
eigentlich mit einem Verband
um die Hand herum?"
„Ach, das kommt vom
Fußball", murrt die andere.
„Was? Willst du mir sagen,
dass dein Mann in seinem
Alter noch Fußball spielt?"
„Nein, er spielt nicht.
Aber beim Fußballgucken
regt er sich oft so
fürchterlich auf. Und neulich
hat er seine Wut am
Fernseher ausgelassen ..."

„Angeklagter, habe ich Sie nicht im letzten Jahr schon einmal wegen Diebstahls von Fußballschuhen verurteilt?"
„Das ist korrekt, Herr Richter, aber diese Dinger halten heutzutage auch nicht mehr ewig."

Aaron sieht sich seit Langem wieder mal ein Fußballspiel im Fernsehen an. Sagt er zu seiner Frau: „Ach, Anna, wenn ich Fußball gucke, könnte ich wirklich alles andere vergessen." Meint die Frau: „Ich heiße nicht Anna, sondern Marie."

Zwei alte Freunde treffen sich im Wettbüro.
„Hör mal, Hans", sagt der eine.
„Wir wetten nun schon seit dreißig Jahren jede Woche auf alle möglichen Fußballspiele. Ich habe dabei noch nie was gewonnen. Hast du schon jemals beim Fußball Geld verdient?"
„Ja, letzte Woche habe ich hinter der Tribüne eine Zwei-Euro-Münze gefunden!"

Ein Fußballfan beklagt sich:
„Immer wenn ich meine Lieblingsmannschaft im Fernsehen sehe, verlieren sie."
Tröstet ihn sein Kumpel:
„Mach dir nichts draus, im Radio spielen sie auch nicht besser ..."

**„Warst du am Samstag
beim Pokal-Endspiel?"
„Ich wollte, aber dann habe ich es
mir doch anders überlegt:
Diese Menschenmassen, und bis
man da einen Parkplatz bekommt ..."
„Verstehe! Meine Frau hat mich
auch nicht zu dem Spiel gelassen."**

Drei Fußballfans unterhalten sich über ihren
Verein. Die Mannschaft hat schon lange
keinen Sieg mehr errungen. Sagt der eine:
„Ich gebe die Schuld dem Manager.
Wenn er bessere Spieler verpflichtet hätte,
würden wir besser dastehen."
Erwidert der zweite: „Ich gebe die Schuld
den Spielern. Wenn die sich mehr anstrengen
würden, könnten wir noch was reißen."
Meint der dritte: „Ich gebe die Schuld
meinen Eltern. Wenn ich in einer anderen
Stadt aufgewachsen wäre, würde ich sicher
eine bessere Fußballmannschaft
unterstützen."

Erzählt ein Fußballfan einem Kumpel:
„Unser Fußballstadion hat drei Meere."
Der Kumpel versteht natürlich nicht:
„Drei Meere? Was soll das denn heißen?"
Erklärt der Fußballfan: „Also wenn du davor
stehst, siehst du ein Häusermeer. Sitzt du
im Stadion, siehst du ein Lichtermeer.
Und wenn während eines Spiels ein großer
Typ vor dir aufsteht, dann siehst du plötzlich
gar nichts mehr."

Als zwei Fußballfans das Stadion verlassen,
meint der eine zum anderen: „Du, links neben
mir saß heute einer, der hat zum ersten
Mal ein Fußballstadion gesehen."
Fragt der andere: „Wie kommst
du darauf?"
Erklärt der erste:
„Bei jedem Einwurf
hat er ‚Handspiel'
gerufen!"

Ein Fußballfan zum anderen:
„Ich konnte das Spiel unserer
Mannschaft am letzten Samstag
leider nicht sehen. Wie ist es
denn ausgegangen?"
„0:0."
„Oh! Und wie stand es zur
Halbzeit?"

Joshua zu seiner Freundin Elif:
„Ich verstehe einfach nicht, warum du
jeden Samstagnachmittag
Fußball schauen musst!"
Entgegnet Elif: „Siehst du, und deine
Mutter sagt doch immer: ‚Wenn man
von einer Sache nichts versteht, dann
soll man sich raushalten.' "

Sagt Opa Willi stolz zu seinem Enkel:
„Als ich in deinem Alter war,
da konnte ich die Namen aller
Fußball-Bundestrainer aufsagen."
„Kunststück – als du in meinem
Alter warst, gab es ja nur einen."

„Du, Oma", fragt Linus seine Großmutter.
„In dem Märchen steht: ‚Die Prinzessin
gebar dem Prinzen einen Sohn.'
Was heißt denn eigentlich ‚gebar'?"
Die Großmutter hat keinerlei Lust auf
Aufklärungsunterricht, also erklärt sie
ihrem Enkel: „Nun, ‚gebar' bedeutet
ungefähr das Gleiche wie ‚schenkte'."
Nach den Weihnachtsferien sollen die
Kinder in der Schule erzählen,
was sie von ihrer Großmutter zu
Weihnachten geschenkt bekommen haben.
Als Linus an der Reihe ist, berichtet er:
„Meine Oma gebar mir einen neuen
Fußball."

Geht die Frau eines Fußballfans
in die Parfümerie und fragt eine Verkäuferin:
„Haben Sie ein Parfüm, mit dem ich meinen
Mann auf mich aufmerksam machen kann?"
„Ja, klar", meint die Verkäuferin und stellt
einige Düfte vor, „hier hätten wir
beispielsweise etwas, das nach Meer riecht,
dieses Parfüm riecht nach Wald,
und dieses Parfüm hier riecht nach Apfel."
Meint die Frau:
„Ach, bitte –
hätten Sie
vielleicht auch
ein Parfüm da,
das nach Fußball
riecht?"

Vater zu seinem Sohn:
„Sohn, ich habe dir doch verboten, mit den
schlecht erzogenen Jungs Fußball zu spielen!
Warum spielst du nicht mit den gut erzogenen?"
„Das habe ich versucht, Papa,
aber deren Eltern erlauben es nicht."

„Ach, Emily", seufzt die Mutter. „Wie oft habe ich dir schon gesagt, dass du nach dem Training deine dreckigen Klamotten in den Wäschekorb legen sollst?" „Genau 455 Mal, Mama!"

Markus hat beim Fußball ein Kellerfenster zerschossen. Kleinlaut klingelt er beim Hausmeister und sagt: „Hallo, Herr Schmidt, könnte ich Sie wohl mal unter drei Augen sprechen?" „Wieso denn unter drei Augen?" „Na ja, weil Sie schon ein Auge zudrücken müssen ..."

Wird ein Fußballfan gefragt: „Was zeichnet Ihrer Meinung nach einen guten Schiedsrichter aus?" Der Fußballfan zählt auf: „Nun, er muss natürlich etwas von Fußball verstehen, er muss eine gute Kondition haben, er muss absolut fair sein – und natürlich muss er meiner Mannschaft mehr Elfmeter zugestehen als dem Gegner!"

Ein Fußballfan prahlt in der Kneipe:
„Wir haben die allerbeste Mannschaft in der Bundesliga! Als einzige Bundesligamannschaft haben wir noch kein Spiel verloren."
Will einer wissen: „Wie viele Spiele hat deine Mannschaft denn schon bestritten?"
Darauf der Fan kleinlaut: „Ähm, am Samstag ist das erste."

Selina fragt ihren Vater: „Du, Papa, kannst du mir einen Gefallen tun und meinen Fußball holen gehen?"
„Na klar, wo ist er denn?"
„Momentan noch nebenan im Sportgeschäft."

Luca schwänzt regelmäßig die Schule,
um auf den Fußballplatz zu gehen.
Seine Lehrerin will ihm
ins Gewissen reden:
„Du weißt doch,
was aus einem Jungen
wird, der faul ist,
nichts lernt und ständig
Fußball spielt?"
„Ja, das weiß ich:
Der spielt irgendwann
in der Bundesliga und wird Millionär!"

Eine Frau kommt ins Sportgeschäft
und sagt: „Guten Tag. Ich hätte gerne
ein Fußballtrikot für meinen Mann."
Da antwortet ihr die Verkäuferin:
„Tut mir leid. Tauschgeschäfte
machen wir nicht."

Eine Frau kommt in den Laden
und sagt zu dem Verkäufer:
„Ich hätte gerne einen neuen Fernseher."
„Was für ein Modell soll es denn sein?",
fragt der Verkäufer.
„Ganz egal. Hauptsache, es ist
kein Fußball drin."

Biber Bobo kommt vom Fußballspiel
nach Hause. Die Bibermutter ist
entsetzt: „Mensch, Bobo, wie siehst
du denn aus? Überall ganze Büschel
aus dem Fell gerissen. Beulen am
ganzen Körper und dann hast du
zu allem Elend auch noch einen
Schneidezahn verloren!"
„Reg dich doch nicht so auf, Mama",
meint Bobo. „Den Zahn habe ich doch
in meine Tasche gesteckt!"

Als die Kinder auf der Straße Fußball
spielen, fällt Finn auf die Nase.
Da kommt eine ältere Dame
zu ihm geeilt und fragt: „Ist alles
in Ordnung? Ist deine Nase heil geblieben?"
„Ja, danke", antwortet Finn. „Die beiden
Löcher waren vorher schon drin."

Einige Kinder spielen in der
Nähe eines Bauernhofs Fußball.
Jasmin macht einen weiten Abschlag
und der Ball landet mitten im
Hühnergehege. Neugierig stolziert
der Hahn auf den Fußball zu und
denkt sich: „Ach, du dickes Ei!"
Dann packt er den Ball mit den
Flügeln und präsentiert ihn den Hennen:
„Sehen Sie mal her, meine Damen,
was anderswo geleistet wird! Strengen
Sie sich beim Eierlegen zukünftig bitte
etwas mehr an!"

Hakan hat Geburtstag und der Vater
gratuliert ihm: „Alles Gute zum
Geburtstag! Was wünschst
du dir heute?"
„Ich wünsche mir einen
Besuch beim 1. FC Köln!"
„Nein, das geht nicht.
Wünsch dir etwas anderes!"
„Okay! Dann wünsche ich mir,
dass wir einen Tag lang
die Rollen tauschen!"
„Alles klar!"
„Gut, dann zieh dir deine Jacke an!
Wir setzen uns jetzt ins Auto und
fahren nach Köln!"

Der kleine Nico schnappt beim Stadionbesuch die schlimmsten Kraftausdrücke auf. Ein besonders schlimmes Schimpfwort kommt seiner Tante zu Ohren, die gerade zu Besuch ist. Mit ernster Miene sagt sie zu ihrem Neffen: „Also, Nico, solche Ausdrücke gehören sich nicht. Wenn du mir versprichst, niemals wieder dieses Wort in den Mund zu nehmen, dann bekommst du von mir einen Euro!" Nico denkt kurz nach und sagt schließlich: „Alles klar, Tante, aber da kenn ich noch einen Ausdruck, der ist gut und gerne fünf Euro wert!"

Sagt die Chefin zum Auszubildenden: „Alle Arbeiter haben die Sommergrippe, der Buchhalter hat sich ein Bein gebrochen, die Sekretärin hatte einen Verkehrsunfall und der Hausmeister muss zu einer Beerdigung – komm, Junge, wir sehen uns jetzt auch das WM-Finale an."

Der Nachbar sagt zur Tochter des National-
spielers: „Mensch, euer neuer Hund sieht ja
zum Fürchten aus. Wo habt ihr
den denn her?"
„Den hat Papa von der
WM in Südafrika mit-
gebracht. Die komische
braune Mähne haben
wir ihm schon
abgeschnitten ..."

Herr Baumann fährt mit einem neuen
Auto zur Arbeit. Fragt ihn der Kollege:
„Wow, ein neues Auto! Gehört das Ihnen?"
Antwortet Herr Baumann: „Manchmal."
„Wieso nur manchmal?", will der Kollege wissen.
Da erklärt Herr Baumann: „Nun, wenn es
irgendwo Sonderangebote gibt, dann gehört es
meiner Frau, wenn eine Party stattfindet, gehört
es meiner Tochter, und wenn ein Fußballspiel
ausgetragen wird, dann gehört es meinem
fußballverrückten Sohn."

Der Handwerksmeister ist verwundert:
„Also, ich weiß nicht, Joris,
immer wenn ein wichtiges Fußballspiel
ist, kommst du und sagst,
die Oma sei krank und du müsstest
nach Hause gehen und sie pflegen."
Lehrling Joris ist entrüstet:
„Also, Meister, hören Sie mal, wollen
Sie etwa behaupten, meine Oma tut
nur so, als wäre sie krank?"

„Frau Angeklagte, Sie geben also zu,
Ihren Mann während der
Fußballübertragung
erschossen zu haben?!"
„Ja, Herr Richter.
Aber er wollte es so."
„Was waren denn seine
letzten Worte?"
„Schieß doch!
Schieß doch
endlich, du
alte Pfeife!"

„Wie ist denn das Fußballspiel
ausgegangen?"
„7:8!"
„Was, so viele Tore wurden
geschossen?"
„Nö, Tore gab es nur zwei.
Das waren die Roten und
Gelben Karten!"

Im Deutschunterricht.
Lehrer: „Wer kann mir sagen,
wie es richtig heißt: ‚der
Monitor' oder ‚das Monitor'?"
Carlos meldet sich und gibt zum
Besten: „Es heißt ‚das Monitor',
Herr Lehrer."
Lehrer: „Falsch."
Darauf Carlos: „Nein, richtig.
Die Moni hat gestern auf dem
Bolzplatz ein Tor geschossen –
das Monitor."

103

„Ich kicke, du kickst, er kickt,
wir kicken – was ist das für eine
Zeit?", fragt die Lehrerin.
„Trainingszeit, Frau Lehrerin."

Der Junge kommt vom Fußballspielen nach
Hause und ist wieder einmal von Kopf bis
Fuß dreckig. Da schimpft die Mutter: „Du
bist ein richtiges Ferkel."
„Aber, Mami", sagt der
Junge, „wenn ich das
Ferkel bin, dann bist
du doch die Sau."

Die Papageienmutti beschwert
sich bei ihrem Sohnemann:
„Musst du eigentlich den ganzen
Tag auf deiner Schaukel sitzen
und Fußball schauen?"
„Ich muss es nicht, aber ich will!"

Chris knallt bei einem Kopfball gegen den Torpfosten und ist kurz bewusstlos. Ein Kumpel fächert ihm mit einem Handtuch Luft zu, ein anderer besprenkelt sein Gesicht mit Wasser. Meint Chris, als er zu sich kommt, benebelt: „Was müssen wir auch Fußball spielen, wenn es so stürmt und regnet!"

Der Schiedsrichter kommt mit einer blutenden Platzwunde vom Spiel nach Hause. „Oh je, was haben sie mit dir gemacht?", ruft seine Frau.
„Die haben Tomaten nach mir geworfen."
„Und woher kommt die Platzwunde? Von den Tomaten?"
„Ja. Es waren Dosentomaten."

„Mensch, Junge", stöhnt der Vater. „Dein Zeugnis lässt ja einiges zu wünschen übrig."
„Schön, Papa! Dann wünsche ich mir ein neues Fußballtrikot!"

Zwei Fußballfans in der Straßenbahn. Meint der eine: „Mensch, ist das heute aber ein elendes Gedränge hier drin!"
Feixt der andere: „Aber gestern im Stadion hast du das noch ‚Atmosphäre' genannt!"

Bei einem Länderspiel in den Vereinigten Staaten will sich ein deutscher Spieler ein Hähnchen bestellen. Er zeigt in der Imbissbude auf das Hähnchen und lächelt die Verkäuferin an. Diese fragt: „Chicken?"
Antwortet der Spieler: „Nein, ich will es gleich essen – Schicken dauert zu lange."

Ein Junge bringt einen neuen Fußball
nach Hause. Fragt seine Mutter:
„Wo hast du denn den Fußball her?"
„Den habe ich gefunden."
„Bist du dir denn sicher,
dass ihn jemand verloren hat?"
„Klar doch! Ich habe Leute gesehen,
die danach gesucht haben."

Ein enttäuschter Fan läuft nach
dem Spiel zum Schiedsrichter und fragt:
„Haben Sie zwei Sekunden Zeit?"
„Ja."
„Dann erzählen Sie mir doch alles,
was Sie über Fußball wissen."

Treffen sich zwei Fußball-Fans. Erzählt der eine:
„Meine Frau will sich von mir trennen,
wenn ich mir weiterhin jedes
Fußballspiel ansehe."
„Oh, das ist aber
schade!"
„Stimmt, ich werde sie sehr
vermissen."

Zwei Fußballer stehen im Wald plötzlich einem Bären gegenüber. Der eine zieht schnell die Wanderschuhe aus und holt seine Fußballschuhe aus dem Rucksack. „Du kannst nicht schneller laufen als der Bär", meint der andere. „Das muss ich auch nicht. Hauptsache, ich bin schneller als du!"

WILLI? BIST DU NOCH DA???

„Nun frage ich dich aber wirklich zum allerletzten Mal: Gibst du mir jetzt endlich den Lederball zurück, den ich dir vor drei Wochen geliehen habe?" „Nein, aber ich bin ganz schön froh, dass die nervige Fragerei jetzt aufhört!"

Die kleine Ava kommt zu spät in die Schule.
„Es tut mir leid", sagt sie zu ihrer Lehrerin.
„Ich habe diese Nacht geträumt, ich wäre
in der Damen-Fußballnationalmannschaft
und wir waren im Endspiel der WM."
„Das ist aber kein Grund, zu spät zum
Unterricht zu kommen", schimpft die
Lehrerin. „Wir alle träumen schließlich
nachts irgendetwas."
„Das stimmt schon. Aber bei mir gab es
Verlängerung."

In der Schule hat jemand einen Ball
durch eine Fensterscheibe
geschossen. Die Hausmeisterin
verdächtigt den kleinen Haru,
der jedoch alles abstreitet:
„Ich war's nicht, ehrlich."
„Ja ja, das sagen sie alle",
brummt die Hausmeisterin.
„Na, wenn das alle sagen, wird es
ja wohl stimmen!", strahlt Haru.

Als der Sohn eines Fußballstars
sein Zeugnis nach Hause bringt,
will der Vater sofort wissen:
„Wie ist das Zeugnis denn ausgefallen?"
Antwortet der Sohn: „Spitzenmäßig!
Alle anderen müssen die Klasse wechseln,
nur mein Vertrag wurde um ein Jahr
verlängert."

Völlig außer Atem steigt ein Mann in ein Taxi.
„Schnell! Bringen Sie mich zum Stadion!
Ich muss unbedingt zum Länderspiel
Deutschland gegen die Niederlande!"
Da sagt der Taxifahrer: „Das werden wir
nicht schaffen. Das Spiel müsste vor
fünf Minuten angepfiffen worden sein."
„Wurde es nicht", antwortet der Fahrgast.
„Ich bin der Schiedsrichter."

Ein Elektriker, ein Fußballer und ein Gärtner streiten sich darüber, wessen Beruf der älteste sei. Sagt der Fußballer: „Mein Beruf ist der älteste! Die Ägypter haben bereits vor den Pyramiden Fußball gespielt."

Erwidert der Gärtner: „Wir Gärtner haben bereits den Garten Eden gepflanzt."

Schreit der Elektriker, mittlerweile rot vor Wut, weil er die ganze Diskussion für Zeitverschwendung hält: „Die Elektriker haben den ältesten Beruf! Als Gott sprach, es werde Licht, haben wir davor die Leitungen verlegt."

Die ganze Nachbarschaft sitzt in der
Dorfkneipe und schaut sich das WM-Spiel an.
Auch die neue Nachbarin und ihr Hund sind dabei.
Beim ersten Tor springen alle auf und
auch den Hund hält es nicht mehr auf seinem Platz.
Er springt auf und brüllt: „Tooooor! Endlich!"
„Das ist ja unglaublich!", staunt der Mann neben ihm.
„Ja, das finde ich auch", sagt die Hundebesitzerin.
„Eigentlich schaut er nämlich lieber Tennis."

In der Schreinerei fragt
ein Lehrling den Meister:
„Meister, mein Kopf tut so weh.
Darf ich nach Hause?" Der Meister nickt.
„Du, Meister", sagt der zweite Lehrling,
„meiner Oma geht es so schlecht. Darf ich
nach Hause?"
Wieder nickt der Meister. Da kommt der dritte
Lehrling und sagt: „Meister, ich muss
heute meinem Vater im Garten helfen.
Kann ich nach Hause gehen?"
Der Meister nickt und wendet sich an seinen
vierten Lehrling: „Und was ist mit dir?
Willst du das Länderspiel etwa nicht sehen?"

Psychiater: „Warum haben
dich denn deine Eltern zu
mir geschickt?"
Junge: „Weil ich so gerne
Fußball mag."
Psychiater: „Aber das ist
doch ganz normal."
Junge: „Na ja, ich mag ihn halt
mit Nudeln und Salat."

Beim Fußballspielen wird Jens von Miro
gefoult. Dafür haut er Miro eine runter.
Als der Schiedsrichter das bemerkt,
rennt er zu Jens hin und zückt die Rote Karte.
„Ich habe doch gar nichts getan",
verteidigt sich Jens.
Darauf Miro: „Doch, das hast du.
Du hast mich geschlagen!"
Meint Jens: „Pass bloß auf! Wenn du jetzt
lügst, dann fängst du gleich noch mal eine!"

Fragt der Opa seinen Enkel: „Sag mal,
was möchtest du eigentlich mal werden,
wenn du groß bist?"
„Ein Bundesligaspieler."
„Und warum?"
„Na, dann muss ich nur einmal
pro Woche arbeiten – und am
Samstagnachmittag kommt sowieso
nichts Gescheites im Fernsehen."

114

Sagt Damian zu seinem Kumpel:
„Gestern war ich im Radio.
Hast du mich gehört?"
„Nein, in welcher Sendung denn?"
„Bei der Übertragung des
Fußballspiels. Ich habe ‚Tor!'
gerufen."

Ein Schäferhund kommt vom Angeln
zurück und meint stolz: „Einen so
großen Fang habe ich schon lange
nicht mehr gemacht!"
„Ach, Maxi, das ist doch bloß ein
alter Fußballschuh!"
„Ich weiß, aber es ist immerhin
Schuhgröße 49!"

Bei einem erschöpfenden Trainingslauf durch den Wald trifft der Elefant die Maus. „Mann, bin ich vielleicht kaputt", stöhnt er. „Und die Beine tun mir weh ..."
Sagt die Maus: „Komm, steig auf, ich trag dich ein Stück. Aber wehe, du lässt die Beine schleifen."

Der Vater erklärt seinem Sohn: „Man sagt nicht ,Maul', sondern ,Mund'. Verstanden?" Am nächsten Tag kommt der Junge vom Bolzplatz zu seinem Vater gerannt: „Du, Papa, auf dem Bolzplatz gibt es lauter Mundwürfe!"

Die Jungs klingeln bei ihrer
Klassenkameradin Lisa.
„Wir spielen gerade Fußball.
Kannst du uns helfen?", fragen sie.
Lisa freut sich: „Na klar,
ich spiele gerne mit."
Meint einer der Jungs: „Na ja,
mitspielen sollst du nicht gerade –
aber unser Ball ist versehentlich
im Mädchenklo gelandet,
und nun brauchen wir ein Mädchen,
das ihn wieder rausholt."

Der Lehrer zur Klasse:
„Es gibt Meter, Dezimeter,
Zentimeter, Millimeter, …
was noch?"
Marik: „Elfmeter!"

Fragt die Tochter ihren Vater:
„Papa, wann hat unser Verein
eigentlich das letzte Mal die
Meisterschaft gewonnen?"
Der Vater grübelt einen Moment und
antwortet dann: „Keine Ahnung –
ich glaube, du fragst besser Opa."

„Mann, ist das Pokalspiel
langweilig. Sieh mal,
selbst die Reporter sind
schon eingeschlafen."
„He, aber das ist noch lange
kein Grund, mich zu wecken!"

Sagt der Vater abends zum Sohn:
„Nun leg dich erst einmal hin, dann
werde ich dir erzählen, was für ein toller
Fußballspieler ich früher war."
Da freut sich der Sohn: „Oh ja, toll!
Märchen höre ich am liebsten!"

Zwei Freunde planen den Nachmittag.
„Hör zu", sagt Justin, „wir werfen eine Münze. Bei Kopf gehen wir auf den Bolzplatz und bei Zahl spielen wir gleich hinter dem Haus Fußball."

„Gut, und wann machen wir unsere Hausaufgaben?", will sein Freund wissen.
„Wenn die Münze auf der Kante stehen bleibt."

Zwei Freunde unterhalten sich über die nächste WM.
„Ich denke, ich werde hinfahren und mir alle Spiele anschauen."
„Cool. Und was kostet dich das?"
„Nichts."
„Wieso nichts?"
„Na, denken kostet doch nichts."

Sagt ein Fußballfan zu einem anderen: „Alle Spieler deines Klubs haben zu Weihnachten Fahrräder geschenkt bekommen. Weißt du, warum?"

„Nö. Wieso?"

„Damit sie schon mal das Absteigen üben können."

Alex beneidet seinen Freund Lukas, weil der einfach der Beste in der Fußballmannschaft ist. Vor allem sein starker linker Fuß ist absolut torgefährlich. „Ach, Lukas, ich hätte auch gerne so einen starken linken Fuß wie du."

„Keine Chance, Alex, der ist einfach angeboren", sagt Lukas.

Meint Alex: „Dann lass ich mir eben auch einen anbohren."

Leo hat am Morgen Bauchschmerzen
und geht deshalb nicht in die Schule.
Aber nachmittags würde er gerne zum
Bolzplatz gehen. Meint die Mutter:
„Leo, das geht leider nicht, du hattest
doch heute Morgen Bauchschmerzen."
Darauf Leo: „Macht nichts, zum
Fußballspielen brauche ich doch bloß
die Beine und den Kopf."

Kai und sein großer Bruder Rico haben
draußen zusammen Fußball gespielt.
Plötzlich kommt Kai weinend ins Haus
gerannt. „Was ist denn passiert?",
will seine Mutter sofort wissen.
Kai: „Ich habe
Rico den
Fußball mitten
ins Gesicht geschossen."
Mutter: „Aber deshalb musst du
doch nicht weinen."
Darauf Kai: „Zuerst habe ich
ja auch gelacht …"

Kilian warnt seine Freunde: „Jungs, im Sportladen gibt es diese Woche ein Sonderangebot: zwei Paar Fußballschuhe zum Preis von einem. Aber ich sage euch, ich hab's ausprobiert: Ihr trefft keinen Ball mehr mit vier Schuhen an den Füßen."

Auf dem Schulhof prahlt Luis vor seinen Mitschülern. „Na, Jungs, was würdet ihr denn machen, wenn ihr so gut Fußball spielen könntet wie ich?", fragt er grinsend. Da antwortet Paul: „Ich würde in den Töpferkurs wechseln."

Kommt eine Mutter zum Psychiater und bittet: „Herr Doktor, können Sie mir helfen? Mein Sohn tut nichts anderes, als jeden Tag zum Bolzplatz zu gehen und mit den Jungs Fußball zu spielen. Abends kommt er dann immer mit dreckigen Kleidern nach Hause zurück."

Der Psychiater will die Mutter beruhigen: „Ach, das ist doch ganz normal. Machen Sie sich deswegen keine Sorgen!"

Darauf die Mutter: „Aber ich bin nicht die Einzige, die sich Sorgen macht – der Frau meines Sohnes geht es genauso."

Die Mathelehrerin schreibt an die Tafel: 2:2. Dann wendet sie sich an die Klasse und fragt: „Was ist das Ergebnis?" Rufen alle wie aus einem Mund: „Unentschieden!"

„Gehen Sie auf den Fußballplatz?"
„Da pfeif ich drauf."
„Ach, Sie mögen Fußball wohl nicht?"
„Doch, aber ich bin der Schiedsrichter!"

„Omi, Omi, spielen wir gemeinsam Fußball?"
„Ja, geht das denn ohne Ball?"
„Ja, ich bin der Torwart und stelle mich hierher und du bewirfst mich einfach mit Bonbons!"

„Sollen wir noch ein bisschen auf die Torwand schießen?"
„Ich muss noch Hausaufgaben machen, Klavier üben und mein Zimmer aufräumen. Ich komme dann in zehn Minuten raus ..."

„Sag mal, Mama, was wird eigentlich aus einem Fußballspieler, wenn er nicht mehr gut sehen kann?", will Chris wissen.
„Dann wird er Schiedsrichter",
sagt die Mutter.

„Aber, Nuri, warum spielst
du denn nicht mehr mit den
anderen Jungs Fußball?"
„Würdest du Fußball spielen, wenn
man dich dauernd foult?"
„Nein."
„Siehst du, die anderen
   Jungs auch nicht."

Als Hausaufgabe sollen die Schüler einen Aufsatz zum Thema „Mein schönstes Erlebnis am Wochenende" schreiben. Am Montag geben alle ihre Aufsätze ab. Am Dienstag ruft der Lehrer Lilly und Tarek empört zu sich.
„Also hört mal, ihr könnt mir doch nicht denselben Aufsatz abgeben!"
„Wieso nicht?", fragen die beiden.
„Wir waren doch beim selben Fußballspiel."

Nora fragt ihren Freund Nils:
„Warum setzt du eigentlich immer deine Brille auf, wenn du dich schlafen legst?"
Nils: „Weil ich so oft vom Fußball träume."
„Und deshalb die Brille?"
„Ja, damit ich die Spiele besser sehe."

Eine Maus und ein Elefant spielen auf einem Sandplatz zusammen Fußball. Während des Spiels meint die Maus plötzlich zum Elefanten: „Du, wir zwei wirbeln ja ganz schön Staub auf!"

Meint Adrian zu seinem Kumpel: „Ich kann den Fußball mit beiden Beinen treten. Und du?"
Erwidert der Kumpel: „Ich nicht. Da würde ich doch hinfallen."

Esra möchte sich neue Fußballschuhe kaufen. Im Sportgeschäft lässt sie sich verschiedene Modelle zeigen. Schließlich kommt der Verkäufer mit einem Paar an und sagt: „Nehmen Sie doch diese Fußballschuhe. Mit denen haben wirklich viele Kunden beste Erfahrungen gemacht."
„Hm, ich weiß nicht. Ich wollte eigentlich nagelneue Schuhe ..."

Florian findet seinen Fußball nicht mehr. Er hat schon überall im Haus danach gesucht. Als seine hochschwangere Tante Inge zu Besuch ist und Florian ihren Bauch sieht, fragt er: „Hast du etwa meinen Fußball geschluckt?"

Im Deutschunterricht erklärt der Lehrer:
„Jetzt sagt jeder einen Aussagesatz und danach die Befehlsform. Hannah, fang an."
„Ein Spieler läuft mit dem Ball auf das Tor zu."
„Ja, richtig. Und wie lautet die Befehlsform?"
„Schieß!"

Auf dem Bolzplatz ...

Auf dem Bauernhof hat es ein spannendes Fußballspiel gegeben. Ferkel Flori kommt über und über mit Schlamm bedeckt nach Hause in den Schweinestall.
„Ich bin wieder da!", ruft Ferkel Flori fröhlich.
„Oje, Flori", ruft die Schweinemutter entsetzt, „wie siehst du denn wieder aus? Los jetzt: raus und in der Pfütze sauber machen!"
„Ach, das ist doch nicht nötig", meint Flori, „solange du mich noch an der Stimme erkennst!"

Auf dem Bolzplatz liegt ein herrenloser Fußball. Tom fragt Marius: „Ist das vielleicht deiner?"
Darauf Marius: „Er sieht zwar aus wie meiner, aber meiner kann es nicht sein – ich habe ihn doch gestern verloren."

Manuel spielt zum ersten Mal in seinem
Leben Fußball und wird von den
anderen ins Tor gestellt. Doch schon den
ersten Kullerball lässt er durch.
Seine Freunde motzen: „Warum hältst
du denn den Ball nicht?"
„Ich dachte, dafür wäre das
Tornetz da."

Auf dem Bolzplatz gibt es
eine arge Muckenplage,
besonders jetzt in der
Dämmerung. Die Jungs
haben bereits überall Stiche.
Da sieht einer der Jungs ein
paar Glühwürmchen und ruft
seinen Kumpels zu: „Nichts wie
weg hier! Die Biester suchen uns
jetzt schon mit Taschenlampen."

Ein Mann und sein Hund schießen auf dem Bolzplatz abwechselnd auf die Torwand. „Das ist ja ein ganz außergewöhnlicher Hund!", sagt eine Spaziergängerin staunend. „Wieso?", fragt der Hundebesitzer. „Er verliert doch die ganze Zeit."

Julia kommt ganz verdreckt vom Bolzplatz nach Hause. Sagt ihre Oma, die gerade zu Besuch ist: „Du bist ja total schmutzig! Du musst sofort unter die Dusche!" „Und du, Oma", meint Julia, „du bist total faltig! Da musst du sofort aufs Bügelbrett!"

Die Eltern fragen den kleinen Julius, ob er lieber ein Brüderchen oder ein Schwesterchen hätte. Antwortet der Junge: „Also, wenn ihr mir die Wahl lasst – dann wünsche ich mir einen neuen Fußball."

BALLA! BALLA!

Matteo kommt mit lauter blauen Flecken
nach Hause. Die Mutter ist entsetzt
und will von ihm wissen: „Woher
stammen diese blauen Flecken?
Hat dich jemand verhauen?"
Matteo beschwichtigt sie:
„Ach was, wir haben bloß auf
dem Bolzplatz Fußball gespielt."
Doch das glaubt die Mutter nicht
so ganz: „Und davon sollen die
blauen Flecken stammen?"
Darauf Matteo: „Na ja, ich war
das Tor ..."

Die Pferde und die Kühe wollen noch mal
auf der Weide eine Runde Fußball spielen,
nachdem die Kühe am Vortag haushoch
verloren haben. Es ist Sonntagmorgen
und der Bauer und seine Frau sind
noch nicht einmal aufgestanden.
„Ey, krass", muht die braune Berta und
schnuppert am Tau, „die Wiese ist von
gestern noch ganz verschwitzt."

Alba: „Du, Mama, kannst du mir einen Euro leihen? Ich will ihn dem alten Mann geben, der den ganzen Tag am Bolzplatz steht."
Mutter: „Das ist aber nett, dass du dem alten Mann helfen willst. Da hast du einen Euro."
Darauf Alba: „Na ja, eigentlich will ich nur ein Eis bei ihm kaufen, er steht dort nämlich den ganzen Tag mit seinem Eiswagen. Danke für den Euro!"

Eine Maus und ein Elefant spielen auf dem Bolzplatz Fußball. Plötzlich tritt der Elefant versehentlich auf die Maus und versenkt diese im Boden. Schnell zieht er sie mit seinem Rüssel wieder heraus und entschuldigt sich: „Das tut mir sehr leid, Maus! Das nächste Mal werde ich besser aufpassen." Meint die Maus: „Ach was, das macht doch nichts. Hätte mir schließlich auch passieren können."

Heute tragen die Spinnen und Insekten ein Fußballspiel auf dem Bolzplatz aus. Die Spinnen mit ihren acht Beinen sind klar überlegen. Zur Halbzeitpause führen sie mit 20:0. Plötzlich meint eine Biene zur anderen: „Warum bringen sie nicht endlich unseren Star Ronny, den Tausendfüßler?" Erwidert die andere Biene: „Er sollte eigentlich schon von Anfang an spielen – aber die komplette erste Halbzeit hat er gebraucht, um sich die Fußballschuhe anzuziehen."

Milan kommt vom Bolzplatz nach Hause und berichtet stolz: „Mama, die anderen Jungs haben heute gesagt, ich wäre der wichtigste Spieler!"
„Das ist ja super!", findet die Mutter. „Spielst du denn schon so gut?"
Darauf Milan: „Nö, das nicht gerade, aber ich bin der Einzige, der einen Fußball hat."

Auf dem Bolzplatz geht es richtig zur Sache.
Entsprechend dreckig sind die Klamotten
von Charlotte und Ella.
Charlotte: „Oje, wenn ich mit den dreckigen
Klamotten nach Hause komme, wird meine
Mutter vor Wut kochen."
Darauf Ella: „Hast du es gut! Wenn ich mit den
dreckigen Klamotten nach Hause komme, wird
mir meine Mutter bestimmt gar nichts kochen."

Halbzeitpause auf dem Bolzplatz. Linus fragt
seinen Mitspieler Hannes: „Magst du ein
Bonbon haben?" Hannes bejaht, nimmt das
Bonbon in den Mund und lutscht es genüsslich.
Nach einer Weile fragt Linus: „Schmeckt das
Bonbon denn?"
Hannes antwortet:
„Ja, lecker!"
Darauf Linus: „Komisch,

dann verstehe ich nicht,
warum es mein Hund
vorhin ausgespuckt hat."

Till steht am Rand des Bolzplatzes und schaut zu, wie sich die Jungs mit einem Fußball vergnügen. Nach einer Weile kommt einer der Jungs rüber und fragt Till: „Hast du vielleicht Lust mitzuspielen?" Meint Till: „Schon, aber leider habe ich überhaupt keine Ahnung von Fußball." Darauf der Junge: „Macht nichts – wir brauchen noch einen Schiedsrichter."

Unterhalten sich zwei Tischtennisbälle auf dem Bolzplatz. Sagt der eine zum anderen: „Wenn ich mal groß bin, will ich ein Fußball werden."

„Tor, Tor!" Ein Junge hat beim Fußballspiel auf dem Bolzplatz ein Tor geschossen. Sein Vater hat zugeschaut und bietet seinem Sohn an: „Dafür gibt es eine Belohnung! Willst du lieber einen Euro oder ein paar Bonbons?" „Ich nehme die Bonbons – für eine Profikarriere ist es noch zu früh."

Olli prahlt auf dem Bolzplatz: „Da staunt ihr, was für eine Wucht meine Schüsse haben! Ich hau den Ball 50 Meter weit!"
Meint Ollis Kumpel Karim: „Ja, stimmt, aber leider gehen die Schüsse meistens in die falsche Richtung."

Lina kommt komplett verdreckt vom Bolzplatz nach Hause zurück.
Sagt ihre Mutter: „Nun aber sofort ab unter die Dusche! Wasch dich gründlich!"
Darauf Lina: „Nicht nötig, Mama, das Rückspiel ist doch schon übermorgen."

Unterhalten sich zwei Jungs auf dem Bolzplatz. Erzählt der eine: „Gestern war ich im Zirkus. Stell dir vor, da gab es Pferde, die Fußball spielten."
Meint der andere: „Ist doch kein Kunststück – mit vier Beinen."

Im Trainingslager ist immer was los

Beim Fußballtraining hat einer der Spieler eine dicke Backe. „Was ist denn mit dir los? Hast du Zahnschmerzen?", fragt ihn der Trainer.

„Nein, aber letztens hat man mir in der Kabine die Seife geklaut. Das passiert mir nicht ein zweites Mal!"

„Mama, morgen ist kein Training!", ruft Anna, als sie nach Hause kommt. „Wirklich? Hat der Trainer das gesagt?", fragt die Mutter erstaunt. „Ja, er sagte: *Schluss für heute, morgen fahre ich fort.*"

„Wenn dein Vater wüsste, wie faul du immer beim Training bist, würde er bestimmt graue Haare bekommen", sagt der Trainer missbilligend zu Leon.

„Da würde sich mein Vater sicher freuen", klärt Leon den Trainer auf. „Er hat nämlich eine Glatze."

In der Trainingspause unterhalten sich
drei Kinder.
Sagt das erste: „Mein Vater hat
eine Schlange mit einem
Stachelschwein gekreuzt, da hatte
er drei Meter Stacheldraht."
Sagt das zweite: „Das ist doch
noch gar nichts. Mein Vater hat
ein Schwein mit einem
Briefkasten gekreuzt. Jetzt hat
er ein Sparschwein."
Sagt das dritte:
„Also mein Vater
hat einen Adler
mit einem Stinktier
gekreuzt."
„Und, was
kam raus?"
„Weiß er auch
noch nicht,
aber es stinkt zum Himmel!"

Auf der Fahrt ins Trainingslager hat
der Mannschaftsbus einen Unfall.
Die Polizistin befragt den Busfahrer:
„Jetzt frage ich Sie schon zum
dritten Mal: Wie konnte es
denn passieren, dass der Bus
von der Fahrbahn abkommt und
mitten in eine Scheune rast?"
Der Busfahrer antwortet genervt:
„Und ich sage Ihnen zum dritten
Mal, ich weiß es nicht.
Es ist passiert, als ich gerade
hinten im Bus war und die Getränke
verteilt habe!"

**„Wo ist denn der letzte Schluck
Apfelschorle, der gerade noch in
meinem Glas war?", fragt der Trainer.
Jonas antwortet: „Den habe ich
einem durstigen Jungen gegeben."**
142 **„Das ist aber nett von dir.
Wer war es denn?"
„Ich!"**

Im Trainings-
lager prahlen
Felix und Max,
wer den
stärkeren Papa hat.
„Kennst du den Bodensee?", fragt
Felix. „Mein Papa hat nämlich
das Loch dafür gegraben!"
„Aha. Und kennst du das Tote Meer?",
fragt Max zurück. „Mein Papa hat es nämlich
erschlagen!"

BRAUCHST DU NOCH MEER?

Nach langer Krankheitspause
erscheint Jonah wieder zum Training.
Valentin freut sich und fragt ihn,
ob er beim Arzt war und sich was
verschreiben lies. „Ja", meint Jonah,
„und ich habe die Anweisungen auch
genau befolgt, nur deshalb bin ich
wieder gesund geworden."
„Welche Anweisungen denn?",
will Valentin wissen.
„Na, auf der Packung stand:
,Flasche immer gut verschlossen halten!'"

Diesmal hat sich der Trainer wieder mal etwas Besonderes ausgedacht: Er lässt seine Spieler eine Woche lang auf einem Bauernhof trainieren. Einer der Spieler fragt am Abend nach der Ankunft im Trainingslager: „Wann müssen wir denn morgen früh aufstehen?"

Antwortet der Trainer: „Wir stehen auf, wenn der Hahn kräht."

Darauf der Spieler: „Dann stellen Sie den Hahn bitte auf halb zehn."

Florians Vater trifft den Trainer und fragt ihn:
„Warum haben Sie denn meinen Sohn heute
vom Training heimgeschickt?"
Der Trainer antwortet: „Er sagte mir,
dass seine Schwester Masern hätte."
„Ja, das ist richtig", meint der Vater, „aber sie
lebt doch bei der Mutter in Frankreich."

Die Nationalmannschaft will ins
Trainingslager und sitzt im Zug.
„Fährt der Zug schon?",
fragt der Abwehrspieler aufgeregt.
Da sagt der Kapitän genervt:
„Nein, sie tragen den Bahnhof an
uns vorbei."

„Nun, Emilia, welche Eindrücke
hast du aus den zwei Wochen
Trainingslager mitgebracht?"
„Eindrücke? Gar keine.
Aber Ausdrücke ..."

Im Trainingslager regt sich der Trainer über
Samuel auf, der nichts so macht,
wie der Trainer es sagt: „Sag mal, Samuel,
passt du in der Schule auch so schlecht auf?
Du kannst mir vermutlich nicht mal sagen,
wann Rom erbaut wurde, oder?"
„Doch, mitten in der Nacht!", antwortet
Samuel wie aus der Pistole geschossen.
„Wie kommst du denn darauf?",
fragt der Trainer überrascht.
„Mein Vater sagt immer: Rom wurde nicht an
einem Tag erbaut!"

„Und, habt ihr heute im Training auf
die Torwand geschossen?", fragt der
Vater seinen Sohn.
„Ja, und ich habe nur einmal daneben-
geschossen!", antwortet der Sohn.
„Das ist ja toll!", lobt der Vater.
„Und wie oft hast du getroffen?"
„Für mehr als einen Schuss hat die Zeit
leider nicht gereicht."

„Schrecklich, wie die Kinder nach dem Trainingslager immer aussehen", sagt die eine Mutter zur anderen. „Letztes Jahr musste ich die halbe Mannschaft waschen, bis ich meinen Sohn gefunden habe."

„Leano, warum warst du eigentlich beim letzten Ausdauertraining nicht dabei?", fragt der Trainer.
Leano schaut schuldbewusst auf seine Füße und meint: „Sorry, Trainer, wenn ich gewusst hätte, dass es das letzte Training ist, wäre ich bestimmt gekommen!"

147

Im Trainingslager beschwert
sich ein Fußballspieler an der
Rezeption: „Es ist unglaublich!
Gestern Abend haben zwei
Ratten in meinem Zimmer
miteinander gekämpft!"
Da erwidert die Wirtin: „Bei so
einem niedrigen Zimmerpreis
können Sie aber auch keinen
Stierkampf erwarten!"

„Wie war's denn im Trainingslager?", wird der
Torwart gefragt.
„Das Trainingsgelände war großartig, aber die
Verpflegung ...", erzählt er bekümmert.
„Wir wohnten bei einem Bauern oben am
Hang. Am ersten Tag gingen drei Hühner
ein. Da gab es dann tagelang nur
Brathähnchen. Dann verendete ein
Kalb. Die halbe Woche fütterte man
uns mit Kalbfleisch. Schließlich
wurde die Großmutter krank ... Da
bekamen wir's mit der Angst zu
tun und sind abgehauen."

Im Trainingslager sagt Mario zu
Joshua: „Der Kaffee schmeckt
heute wie Spülwasser."
Joshua: „Das ist doch Tee!"
Da ruft die Kellnerin:
„Noch jemand Kakao?"

„Ihr Sohn ist der Schwächste in der
Mannschaft", sagt der Trainer zu Herrn
Braun.
„Das verstehe ich nicht!", wundert sich der
Vater. „Letztes Mal haben Sie noch gesagt,
dass er alle Kinder haut."

Die Trainerin trennt die streitenden
Kinder: „Hört sofort auf zu streiten!
Man muss im Leben lernen zu geben und
zu nehmen!"
„Hab ich gemacht", ruft Lars. „Ich habe
ihm einen Fußtritt gegeben und die
Wasserflasche genommen."

„Marcel! Du hast ja beide Stücke Kuchen aufgegessen!", schimpft der Trainer im Trainingslager. „Hast du denn gar nicht an deinen Freund Elias gedacht?"
Darauf meint Marcel: „Doch, klar hab ich das. Was meinen Sie denn, warum ich den Kuchen so schnell gegessen habe?"

Der langsame Toni kommt nach dem Waldlauf als Letzter zum Hotel zurück – dafür aber mit einem blauen Auge.
„Was ist dir denn passiert?",
fragt ein Mitspieler.
„Keine Ahnung. Gerade als ich durch den Wald joggte, schoss plötzlich so ein Pilz aus dem Boden."

Kiano schreibt seinen Eltern einen Brief aus dem Trainingslager. Er berichtet: „Hallo Mama und Papa, die Ferien hier sind klasse. Gestern haben wir Fußball gespielt und ich habe ein Bein gebrochen. Aber keine Sorge, es war nicht meins ..."

Scherzfragen für Fußballfans

Wie nennt man Fußballschuhe,
die in der Adventszeit
getragen werden?
(Christstollen)

Was ist der
Unterschied zwischen dem
Tabellenletzten in der Bundesliga und
einem Bäckergesellen?
(Der Bäckergeselle kann Meister werden.)

Was ist der Unterschied zwischen
einem Pferd und einem Fußball?
(Das weißt du nicht? Na, dann
pass mal auf, dass sie dir kein
Pferd andrehen, wenn du das
nächste Mal einen Fußball
kaufen willst!)

Warum fiel das Spiel des
Tabellenletzten gegen den
Tabellenersten der Bundesliga aus?
(Der Tabellenletzte musste erst eine
zweistellige Anzeigetafel bestellen.)

Warum ist der Ball rund
und aus Leder?
(Wäre er eckig und aus Glas,
wäre es ein Aquarium.)

**Was ist der Unterschied
zwischen dem Bundestrainer
und einem Briefkasten?
(Schon mal einen Brief in den
Bundestrainer eingeworfen?)**

Wer kann höher springen
als ein Stadion?
(Jeder, ein Stadion kann
nicht springen.)

**Was macht ein Schiedsrichter,
wenn er mal die Karten vergisst?
(Ganz einfach: Für „Gelb" zeigt er
einfach seine Zähne und für „Rot"
streckt er seine Zunge heraus.)**

Was ist groß, grün und rechteckig?
(Ein großes grünes Rechteck.)

*Welcher Fußballverein wird
von der Post gesponsert?
(Der FC Porto.)*

Warum wird bei den schlechten Vereinen
der Stadionrasen einbetoniert?
(Damit das Spielniveau nicht noch tiefer
sinken kann.)

Was ist der brutalste
Sport der Welt?
(Fußball. Da wird geköpft
und geschossen!)

Was machen 16 Fußballer vor
dem Kino?
(Sie warten noch auf zwei
Freunde. Der Film ist erst ab 18.)

**Warum müssen Zwerge beim
Fußballspielen immer lachen?
(Weil das Gras sie unter den
Armen kitzelt.)**

Was ist der Unterschied zwischen Fußball
und „Mensch, ärgere dich nicht"?
(Fußballspieler werden besser bezahlt.)

Welche Qualitäten braucht man als
Profi-Fußballerin auf jeden Fall?
(Zwei geeignete Füße.)

**Du hast mich gern und trittst
mich doch. Wer bin ich?
(Der Fußball.)**

Was macht ein
Holländer, nachdem
er die WM
gewonnen
hat?
(Er schaltet die
Playstation aus.)

Was ist der Unterschied zwischen einem Beinbruch und einem Einbruch? (Nach einem Beinbruch muss man drei Monate liegen, nach einem Einbruch muss man drei Monate sitzen.)

Was fliegt und
fängt mit B an?
(Ein Ball.)

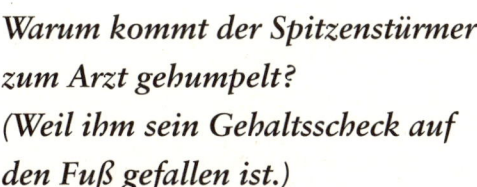

Warum kommt der Spitzenstürmer zum Arzt gehumpelt? (Weil ihm sein Gehaltsscheck auf den Fuß gefallen ist.)

Was ist, wenn ein
Fußballspieler nach einem
Foul in den Schnee fällt?
(Winter.)

**Bei welchem Fußballspiel steht kein
Schiedsrichter auf dem Platz?
(Beim Tischfußballspiel.)**

Was tust du, wenn du
einen Elefanten siehst,
der Fußball spielt?
(Mach ihm lieber den Weg frei!)

© Dominic Kroiher

Pascal Nöldner zeichnet als freiberuflicher
Illustrator für Kinder- und Jugendbücher,
Comics, Animationsfilme und
naturwissenschaftliche Medienexponate.
Seine Erfahrung auf Musical- und
Theaterbühnen charakterisieren Ausdruck
und Dynamik seiner Zeichnungen.
Im Web (www.pascal-noeldner.de)
und auf Social Media (@_nerdner) gibt er
Einblick in sein Leben und seine Werke.